MAURO FRANCATI

L'UOVO DI FENICE

ASSOCIAZIONE CULTURALE LE FRECCE

Mauro Francati, L'uovo di fenice

Le Frecce Edizioni 2016

Presidente Associazione: Johannes Balzano

Responsabile Scelte Editoriali: Cristiano Ruzzi

Grafica: Gianluca Santoro

Prima edizione, dicembre 2016

A cura dell'associazione culturale Le Frecce

PREFAZIONE DELL'ASSOCIAZIONE

Daniel è il tipico ragazzo alle prese con i problemi dei suoi coetanei: timido, dotato di grande intelligenza ma incapace ad esprimerla, mingherlino e magro, viene continuamente preso di mira dai bulli della sua scuola. Dopo l'ennesima umiliazione e il ritorno a casa, viene trasportato attraverso lo specchio della sua camera nel fantastico regno di Initio alla ricerca del leggendario uovo di Fenice. Si potrebbe pensare che con queste parole si possa riassumere la trama del libro di Mauro Francati, invece no. L'uovo di Fenice in realtà va ben oltre tutto ciò. Da una parte il racconto dell'autore vuole far percepire come in realtà i problemi che affrontiamo tutti i giorni, per quanto possano essere difficili e ardui, possono essere affrontati e superati, di come i veri valori della nostra vita, come la famiglia, il lavoro, un certo tipo di etica e la felicità morale vengano oggi in maniera molto superficiale trascurati a discapito di quelle materiali ed economici. Ed è proprio su questo punto che si concentra l'altra parte del libro dove il regno di Initio, invece di fare da semplice sfondo alla trama, rappresenta invece uno specchio del mondo moderno che viviamo tutti i giorni, dove il fatidico "Re del Mondo" di Guenoniana memoria, attraverso il controllo della società, dei media e dei giornali, attua la sua corruzione verso tutto e tutti e dove la persone, svuotate delle loro personalità, diventano degli automi "sempre più soli e prive di un'anima" e, come avviene nel libro, si ergono contro tutto questo un manipolo di uomini e donne per cercare di difendere e preservare le identità, le tradizioni e i diritti naturali dei singoli cittadini. Proprio in relazione a tutto ciò, l'Associazione Culturale Le Frecce consiglia la lettura di questo libro e, laddove le nostre difficoltà, i nostri problemi, i muri che ci ostacolano nel nostro cammino possano diventare insormontabili di fare come Daniel, di farci forza, di seguire la nostra stella guida e "di non perderla, amarla, darle un nome, e ogni volta che avremo qualche dubbio di chiedere a lei, che saprà indicarci la via meglio di chiunque altro".

I fatti narrati dall'autore sono realmente accaduti.

NOTE DELL'AUTORE

Nella vita troppo spesso si guarda con poca profondità dove sia nascosto il giusto sentiero da percorrere, ci si fa condizionare dalle mille distrazioni poste davanti al nostro percorso, le linee tirate da una società oramai tratteggiate da una banalità incontrastata, dal caos che ormai la fa da padrone, il progresso regresso, è appeso a una immoralità apparentemente inarrestabile, ovunque si posi lo sguardo, qualcuno o qualcosa che faccia parte di un piano astutamente studiato, tenterà di sminuire quello che veramente ogni persona custodisce nel suo cuore. L'effetto? In pochi sanno ascoltare i consigli della propria anima, del proprio Io, ognuno di noi però ha il diritto e il dovere di uscire da questi schemi artefatti, e potrà trarre le proprie linee guida senza inquinamento alcuno da quello che orbita intorno a questa massa, che cammina verso una meta, coinvolta e compromessa da chi con un sorriso beffardo tira i fili dei popoli che, come marionette, sono governati dal potere perlopiù economico. Nell'anima di ognuno di noi è scritta la verità, in ognuno di noi c'è un maestro che aspetta fiducioso il proprio involucro che gli dia il via per uscire allo scoperto. Personalmente ho passato una vita comportandomi come il sistema detta, e per questa organizzazione disorganizzata ognuno di noi è solo uno dei 7 miliardi di abitanti di questo pianeta; ogni persona nuota fra gli squali che, senza anima affrontano le azioni facendo buon viso davanti a un cattivo gioco. Il risultato? La vita può far male veramente, senza dimenticare che ogni nostra azione lascia un segno indelebile nel tempo davanti a tutti noi. Oggi le vele della mia vita cerco di governarle mostrando i valori che ho sempre tenuto nascosti nel cuore.

Ascolto me stesso e combatto quel male che mi stava divorando, dimostrando che la verità è scritta esclusivamente dentro noi stessi, il bene e il male, sono entrambi al centro delle nostre anime, la differenza è che il secondo cerca d'invaderti mentre l'altro aspetta che tu possa accarezzarlo volontariamente. Davanti ai tuoi occhi nulla è caduto per puro caso. Nella vita tutto può accadere, ogni vita è libera di ascoltare quello che veramente vuole, dall'interno della propria anima.   .

Mauro Francati

PRIMA PARTE

"Quando ognuno di noi sarà capace di parlare con sé stesso e ad ascoltare il proprio cuore, elevandosi con esso, per donare al cielo la propria anima, senza cercare nel prossimo quale sia il percorso da intraprendere, senza giudicare, (perché ognuno deve percorrere un cammino unico in tutte le sue sfumature di colore e di profumo), allora vivremo in un mondo fatto di giustizia, ma fino a quel momento, saremo solo un branco di sgombri, che nuotano in un mare infestato da squali".

CAPITOLO UNO

Era nel tragitto che tutte le mattine percorreva per andare a scuola che Daniel passava davanti alla sua amata pasticceria, il profumo dei dolci lo conquistava e la vetrina lo metteva nella posizione di non poter rinunciare ad entrare per comprare uno degli ottimi dolci che il signor Sergio preparava con amore per il suo lavoro. La pasticceria era condotta da una famiglia semplice e Daniel amava tutto di quel luogo, il profumo dei dolci appena sfornati lo abbracciava e la gentilezza della signora Matilde era candita come la panna in cima al suo dolce preferito. «Buongiorno signora Matilde» «Oh Daniel buon giorno, oggi abbiamo dei dolci che non hai ma assaggiato vuoi finalmente cambiare o prendi sempre lo stesso?» «No signora Matilde preferisco prendere il solito». La signora Matilde avvolse nella carta il dolcetto, mentre Daniel la guardava incantato. Ma la cosa che amava di più in quella pasticceria era Linda, la giovane figlia del pasticcere, i suoi capelli biondi sembravano leggeri come l'aria e i suoi grandi occhi blu brillavano in un volto sicuro; quando la vedeva, le sue guance diventavano rosse, le sue mani iniziavano a sudare e non riusciva a parlare senza balbettare. Dalla porta del laboratorio ne uscì la bella ragazza. Anche lei come Daniel percorreva la strada verso la scuola. «Ciao mamma, ciao papà» disse con un tono felice, e quando il suo sguardo incrociò quello del ragazzo, «Ciao sgorbio! », Daniel era abituato a questo, purtroppo la sua insicurezza aveva fatto in modo che i compagni di scuola facessero di lui uno zimbello, da usare per ridere e farsi forti, nessuna ragazza bella come Linda avrebbe dato confidenza a un imbranato come lui, soprattutto perché la figlia del pasticcere era corteggiata da un ragazzo che puntualmente faceva il prepotente con i ragazzi più deboli, il bullo era sempre contornato da coetanei che si sentivano forti formando branchi, aggredivano puntualmente gli sfortunati come lupi che circondano le prede terrorizzate. Come poteva un ragazzo esile come Daniel, tener testa a dei gradassi uniti per offendere e affondare gli artigli in chi non ha coraggio di dimostrargli quanto non siano le maniere forti a produrre uomini forti? «Linda ma che modi sono?» «Non si preoccupi signora Matilde non lo fa con cattiveria» «Se l'avesse sentita il padre avrebbe sicuramente passato il pomeriggio in laboratorio con lui, salutami la mamma e ti chiedo ancora scusa da parte sua!». Il ragazzo uscì dal negozio e si diresse verso la scuola. Ricordava quando era la madre che l'accompagnava tenendogli la mano stretta, era sempre stata una mamma premurosa. Daniel era l'unico figlio e l'aveva sempre tenuto in un nido di ovatta, ma ora il ragazzo aveva un'età in cui bisogna cavarsela da soli, non si può avere sempre il supporto di un genitore. Per tanti genitori, la crescita dei propri figli è dettata esclusivamente dall'età anagrafica, ma non esiste una linea superata la quale si è pronti a volare. Nei pressi della scuola c'erano sempre gruppi di ragazzi, ma Daniel era sempre stato un solitario. Aveva come amico qualche figlio delle amiche della mamma, ma in quel posto era solo, solo contro tutti e la cosa di cui non aveva dubbi era che sicuramente senza sfidare quei ragazzi più forti di lui, se la sarebbe cavata ad esser solo preso in giro, sempre meglio che esser preso a pugni. Quando arrivò al cancello nel cortile della scuola, trovò il branco di bulli capeggiato da Tommy, i ragazzi erano tutti pronti a deridere il giovane, lo facevano tutte le mattine, tutti insieme, come iene con il labbro sorridente, «Ehi, cadavere non ti ho già detto che non devi permetterti di entrare nel negozio della mia ragazza? Che porti in quel sacchetto? Tiralo fuori e sbrigati a darmelo o ti spacco la faccia sgorbio!»

Quella mattina l'atto di bullismo si fece più pronunciato. Daniel si sentiva girare il mondo intorno alla velocità del suono, le risa dei compagni gli tuonavano nelle orecchie, incrociò lo sguardo di Linda e impaurito consegnò il dolcetto al bullo, «il dolce con la panna si mangia il mostriciattolo!!! Ahahahaha, adesso lo farai vedere a tutti come ti mangi questo buon dolcetto». Tommy prese il dolce e lo spiaccicò sulla faccia del ragazzo impaurito. Tutti ridevano per il gesto, alcuni per farsi amico il bullo, altri perché si sentivano fortunati a non essere loro le vittime. Daniel si sentì quasi svenire, da quando era iniziata la scuola i compagni lo deridevano costantemente, durante le ore di lezione i compagni del banco dietro di lui gli facevano qualunque tipo di dispetto, ma quella volta era una figura troppo brutta quella che aveva fatto. Anche Linda l'aveva deriso e nella sua anima si sentiva talmente umiliato che non aveva nemmeno il coraggio di piangere. Iniziò a correre il più velocemente possibile, e mentre correva le lacrime gli appannavano la vista. Corse più forte che poteva fino al cancello del parco, era proprio lì che da bambino la mamma lo portava a giocare. Solitamente non lo faceva giocare con gli altri bambini, a meno che non fossero figli delle sue poche amiche, era molto premurosa, aveva paura che gli altri bambini gli avessero fatto male, per questo Daniel era solito giocare da solo. Camminando per il viale alberato si arrivava a un piazzale con una grande fontana. La domenica quel luogo era pieno di bambini, ragazzi, e famiglie che passavano il loro tempo nel verde, ma nelle mattine feriali si potevano trovare molti più anziani che leggevano un giornale o passeggiavano spensierati. Daniel si mise seduto sulla fontana con le gambe incrociate. Sporto in avanti guardava i pesci che sguazzavano nell'acqua non proprio limpida e con dei piccoli sassi cercava di colpirli. La sua immagine era riflessa sullo specchio dell'acqua, solo e chiuso nei suoi pensieri, avrebbe voluto essere forte, se così fosse stato quei brutti ceffi di certo non avrebbero potuto fare i prepotenti con lui, ma l'immagine riflessa era quella di un ragazzo magro con gli occhi grandi ma spenti dalla tristezza. Mentre guardava il riflesso, la figura di un signore distinto gli apparve da dietro.

CAPITOLO DUE

Mentre Daniel si voltava per guardare quell'uomo un soffio di vento fece alzare le foglie dei platani da terra, l'autunno colorava quel parco con dei colori rossastri degni di un paesaggio su tela, pitturato con colori ad olio. «Ragazzo cos'è che ti turba così tanto?» Con gli occhi lucidi Daniel guardò quel signore vestito con un abito di buona sartoria, un principe di Galles di una tonalità di grigio chiaro, e sentì dentro di sé una sensazione familiare, anche se, quel distinto signore era un perfetto sconosciuto. «Nulla, signore non ho fatto nulla.» «Penso che a quest'ora dovresti essere a scuola, al contrario vedo che sei qui seduto, e nel tuo viso invece di scorrere un'immagine spensierata degna della tua età, vedo un volto scuro e triste. Io oramai sono vecchio ma, ancora sono capace di riconoscere quando un ragazzo ha un problema e pensa di non poterlo superare da solo». Un forte senso di familiarità attraversò il corpo del ragazzo e la voglia di esternare le proprie paure fece in modo di aprirsi allo sconosciuto. «Non riesco a sentirmi all'altezza di essere utile in questa vita» «Questa caro mio è la frase più sciocca che avrei potuto sentir pronunciare da un giovane della tua età. Hai tutta la vita davanti a te, devi ancora conoscere il mondo e la tua sorte, ma già stai dando segnale di voler gettare la spugna» «Ma come faccio a competere con le persone più forti e più in gamba di me?» «Non devi competer con nessuno infatti, è solo con te stesso che devi fare i conti» «Vorrei solo che il mondo fosse diverso, le persone prendono con troppa superficialità la vita» «No ragazzo mio, se parli con questo tono è come dire che il superficiale sei tu, il mondo sicuramente in questo momento ti potrebbe sembrare che cammini in un senso diverso, la realtà invece è che nemmeno tu sai che senso prendere. Hai lo sguardo di un leoncino impaurito, ma un leone è sempre un leone purché ferito, devi solo sapere quel che vuoi dalla vita, altrimenti sembrerebbe che tu non abbia la forza per combattere per quello che potrebbe soddisfarti. La paura e la convinzione di non farcela non fanno parte della tua anima: l'anima è pura, è l'uomo che fa di tutto per macchiarla e se un'anima è macchiata non può saper bene cosa veramente vuole. Tu guardi mai dentro te stesso Daniel». Daniel rimase sorpreso di sentir pronunciare il suo nome, non ricordava di essersi presentato mai a quel signore, tantomeno gli sembrava di averlo visto mai prima di quel giorno. Con una voce bassa e tremolante provò a rispondere. «Io non devo guardare dentro me stesso, mi conosco abbastanza e so quello che vorrei, purtroppo so di non potercela fare per via del mio esile fisico». Il vecchio signore guardò il ragazzo fisso negli occhi. «E cosa vuoi dalla vita di così tanto difficile da non poterci riuscire con un fisico magro?» «Vorrei diventare un guerriero come mio padre, vorrei avere la forza per sconfiggere il nemico, che con un'azione a tradimento ha fatto in modo che lui ci lasciasse per sempre». «Sei sicuro di questo o parli solo per via di un rancore che ti brucia dentro? Devi guardare dentro te stesso, solo nella tua anima c'è scritta la verità e quale sia il percorso del tuo cammino, devi solo guardare dentro te stesso». Un forte vento si alzò da terra, i rami degli alberi sembrava potessero spezzarsi, il ragazzo si girò verso uno di questi mentre il vento gli fischiava addosso. Quando riportò la testa verso il vecchio signore l'immagine che trovò davanti a lui era solamente quella di un giardino con i colori d'autunno e nel cielo minaccioso una lama di sole tagliava una nuvola come se fosse una spada dorata. Daniel fece il percorso nel senso inverso per tornare a casa. L'orario di scuola era finito da un pezzo. Il ragazzo nei momenti di difficoltà amava rimanere nel parco, amava la natura in tutto il suo essere, e quella volta rimase a riflettere sulle parole di quel distinto signore che pur non conoscendolo sapeva il suo nome. Quando rientrò in casa, sua madre stava preparando la cena, preferì andarsene nella sua stanza senza mangiare, entrò nella stanza, trovò tutto in ordine come sempre. La sua casa era molto semplice, modesta ma sempre profumata. La sua immagine era impressa sullo specchio a parete, si guardò riflesso, il pensiero triste di chi si vede debole e brutto lo percorse da capo a piedi, «perché sono nato così? Perché proprio io? Non ero stato già abbastanza sfortunato a non aver mai conosciuto mio padre? Non ho avuto nessuno oltre mia madre, se esiste Dio perché ha permesso questa ennesima sfortuna?». Si affacciò alla finestra da dove si poteva vedere una grande luna piena. Rimase qualche minuto a guardare le stelle che lo incantavano, pensava alle parole del vecchio signore che l'avevano colpito profondamente: cosa voleva da sé stesso? Non aveva mai chiesto a sé stesso, cosa veramente voleva, non aveva mai guardato dentro la sua anima. Si sdraiò sul letto togliendo solo le scarpe, le mani dietro la nuca erano poggiate su una federa che aveva un odore di candido pulito, guardava il soffitto e continuava a pensare. Il giorno dopo sarebbe dovuto andare a scuola dopo quella brutta figura e questa cosa gli bruciava nel cuore, avrebbe voluto far tante cose come tutti i suoi coetanei, voleva essere felice ma aveva tutti contro. Nessuno riusciva a capirlo, si sentiva come un granello di sabbia nel deserto, i suoi occhi stavano per chiudersi mentre un soffio d'aria fresca lo raggiungeva dal lato opposto alla finestra, il suo ultimo sguardo quella sera, era rivolto a una finestra chiusa.

CAPITOLO TRE

Era ormai notte e il riflesso della luna non compariva tra i vetri della finestra. Daniel si svegliò infreddolito, il rumore del vento era tale e quale a quello che soffia vicino al mare, non capiva cosa stesse succedendo, si mise seduto sul letto. Guardando lo specchio intravedeva al suo interno una strana luce, si alzò lentamente e incredulo non riusciva a capire se quello che vedeva fosse vero. L'immagine riflessa era quella di una spiaggia, Daniel non riusciva a mettere a fuoco quello che stava accadendo si sentiva lo scrosciare delle onde e il profumo del sale. Si avvicinò allo specchio e provò a toccarlo con una mano, era come toccare una nuvola, la sua mano poteva superare l'immagine, era spaventato ma allo stesso tempo incuriosito, si avvicinò sempre più, fino a quando si sentì afferrare per i piedi, cadde a terra, provò ad urlare ma dalla sua bocca non usciva fiato. Provava ad urlare sempre più forte, era terrorizzato, i suoi occhi sgranati vedevano le proprie gambe entrare nello specchio, afferrò una seggiola che cadde mentre il suo corpo era completamente all'interno della lastra di vetro. Il ragazzo riaprì gli occhi, l'albeggio pennellava il mare di colori dorati, mentre i dolci cavalloni accompagnavano il suo respiro affannato. Non riusciva a credere in quello che vedeva, la stanza da letto era svanita, guardando tutto intorno poteva vedere esclusivamente un luogo surreale, una lunga spiaggia e un mare che appena increspato, in lontananza il profilo dei colli al risveglio del giorno, ma solamente qualche istante prima si trovava nel suo letto. Come fosse vero tutto questo era da scoprire. Non vi erano costruzioni in quel luogo, tantomeno potevano scorgersi luci artificiali, nemmeno in lontananza non si notava nulla che fosse opera dell'uomo.

"Dove mi trovo?"

Iniziò a camminare tenendo il mare alla sua sinistra, intanto verso l'orizzonte si poteva scorgere terra. Mentre il sole saliva, intorno a lui rischiariva un paesaggio incontaminato. Si trovava solo, in una situazione cui non riusciva a dare spiegazione, ma quello che vedeva aveva colore, forma e odore; la paura si alternava a tratti all'angoscia e il sole era oramai alto, la stanchezza si faceva sentire sulle gambe, intorno alla testa gli girava tutto il paesaggio. Iniziò a respirare profondamente e subito dopo si mise seduto sulla sabbia bianca. La paura iniziò ad allontanarsi, si sdraiò guardando le nuvole che soffici camminavano sopra di lui, e mentre questo accadeva i suoi occhi si chiusero in un breve sonno: era solo, in un luogo sconosciuto, ma per la prima volta si sentì leggero. Quando si risvegliò sentì i gabbiani che quasi pronunciavano il suo nome, si mise in piedi di scatto e finalmente vide qualcosa di familiare, a una breve distanza vedeva una piccola imbarcazione, arenata sulla spiaggia; arrivato in prossimità della barca, non vi scorse nessuno, ma delle orme d'uomo erano impresse sulla sabbia. "C'è qualcuno?" si sentiva solo silenzio, "C'è qualcuno?". Sapeva che avrebbe dovuto seguire quei passi lasciati a segnalare qualcuno che era passato di lì ma sapeva anche, che quel qualcuno, in quel silenzio aveva certamente sentito la sua voce, senza rispondere, decise di seguire le orme, camminò fino ad arrivare davanti un capanno di legno, si avvicinò sempre di più, "Qualcuno mi sente?" Si avvicinò alla porta, entrò lentamente, il cuore aveva lo stesso ritmo di quando vedeva quei bulli fuori scuola, ma doveva andare avanti. Un tavolo, delle sedie e due letti di paglia, era tutto quello che si vedeva all'interno. All'improvviso un uomo arrivò alle sue spalle. "Che diavolo stai facendo qui?" disse con una voce forte e decisa, "Chi sei e cosa vuoi?" "Non lo so come sono arrivato qui, ero nella mia stanza e lo specchio sembrava vivo, di colpo mi sono ritrovato qui sulla spiaggia…". "Questo è un luogo sacro, non dovresti trovarti qui" "Vorrei tornare a casa, ma non saprei nemmeno dove mi trovo" "Se vuoi tornare da dove sei partito, l'unico modo è da Initio, lì troverai tutti i sentieri che ti servono ma adesso devi andar via da qui" "Dove si trova Initio?" "Initio è la terra delle città, ci si arriva solamente via mare, da quest'isola è impossibile arrivarci senza una barca, e mi sembra di aver capito che tu non ne hai una, vero?". Daniel non riusciva a capire come fosse possibile tutto quello che stava vivendo, ma non aveva alternativa doveva dare ascolto a quell'uomo che aveva un viso duro ma che non sembrava cattivo. "No, non ne ho, non so nemmeno come sia arrivato qui, ma penso che potrebbe portarmi lei" "Io non navigo mai in compagnia, tantomeno me ne andrò subito da quest'isola, mentre tu non dovresti essere nemmeno qui" "Cosa deve rimanere a fare in questo luogo deserto?" "Questo, ti ripeto, è un luogo sacro, devo recuperare l'uovo di fenice e portarlo a Tatlon alla sacerdotessa Laima, solo quando avrò trovato l'uovo andrò via e potrei impiegarci mesi" "Mi porti con lei potrei esserle di aiuto, in cambio mi accompagnerà con la sua barca a Initio" "Non penso sia una buona idea, ma, se ti lasciassi solo quest'isola di inghiottirebbe, mi sembri troppo giovane per rimanere qui, quindi se veramente pensi di essere consapevole di quello che dici, accetto la tua proposta ma sappi che da qui non si torna indietro senza uovo, e non sarà facile prenderlo dopo averlo trovato". L'uomo si muoveva molto sicuro di sé, aveva una folta barba e dei lunghi capelli brizzolati, un fisico asciutto e parlava poco, quella notte dormirono nel capanno dopo aver mangiato carne secca, aveva bevuto del vino rosso, mentre a Daniel era spettata soltanto acqua in una piccola borraccia di pelle di pecora. Prima di entrare nel capanno per dormire erano rimasti fuori a guardare le stelle, senza parlare ma solo a consultare il cielo. "Lo troveremo prima del previsto" "Perché dice questo?" "Non lo dico io ragazzo, lo dicono le stelle, adesso andiamo a riposare domani ci aspetta una dura giornata".

CAPITOLO QUATTRO

Si svegliarono al mattino al sorgere del sole, "Tu porta questa borsa e non lasciarla qualsiasi cosa succeda, seguimi senza parlare, e metti i piedi dove li metto io, tieni gli occhi aperti, dovremo entrare nella foresta, è piena di pericoli ma qui scoprirai cose che non hai mai visto". Daniel pensò a quanto in quel momento gli mancava la propria vita, aveva sempre avuto paura di affrontare quei bulli, ora era costretto ad affrontare addirittura la foresta proprio per tornare a quella vita così insoddisfacente. Pensava a quanto la mamma potesse essere preoccupata per non averlo trovato in camera e sperava che tutto questo sarebbe finito presto. Mentre camminavano in quella fitta foresta si sentiva muovere la vegetazione come se qualcuno li seguisse, Daniel sentiva delle risa come se qualcuno lo stesse prendendo in giro da dietro le foglie, "Hihhihihi non ce la farai mai!" "Signore ha sentito?" "Ho detto fai silenzio, questo non è un luogo dove si possa parlare!". Arrivarono ai piedi di una montagna dove la vegetazione era scarsa, regnava invece la pietra granitica che emergeva da terra, anche la montagna era fatta della stessa materia, in uno spiazzo più avanti spadroneggiava al sole invece una stupenda quercia, carica di foglie e di vita, le sfumature di verde erano molteplici, il tronco forte come una colonna di marmo: essa era piantata in quel luogo da centinaia d'anni. "Daniel ti piace quella quercia?" "Certamente è una pianta bellissima" "Descrivimela", il ragazzo non capiva che senso avesse quella domanda, ma iniziò con la sua risposta senza problemi. "Ha delle foglie di diverso tipo di verde, che scrosciano con il vento, come se applaudissero ai lunghi rami, il suo possente tronco sembra che possa parlare e raccontare quante ghiande abbia visto mangiare dagli scoiattoli che si sono

arrampicati su di esso". L'uomo con la barba bevve un po'
d'acqua e porse la borraccia al ragazzo "Quindi vedi solamente
questo?" "Alla base del tronco c'è una grande ombra dove si
potrebbe riposare bene" disse il ragazzo quasi a fare una battuta,
"Ragazzo mio, sotto quella pianta c'è un enorme radice, che
pesca acqua, che cattura linfa dalla terra per permettere a tutto
quello che vedi di esistere, un compito difficile, ma senza una
radice così forte quella stessa pianta, sarebbe solamente un pezzo
di legno che esce dalla terra; anche la vita di un uomo è così,
esiste una parte dell'uomo che non tutti guardano, è l'anima.
Senza l'anima quello stesso uomo sarebbe solamente un corpo
che vaga, l'anima ti fa sognare, l'anima ti fa pensare, l'anima non
ti abbandonerà mai fino a che quel corpo avrà la capacità di
contenerla. Quell'anima deve essere ben piantata a terra come la
radice di quell'albero, è l'anima che dona senso al corpo, non
dimenticarlo mai, adesso continuiamo il nostro percorso, da
queste parti la notte non è mai delle migliori". Quella notte si
accamparono su un'altura dopo aver camminato molto. I piedi
del ragazzo erano doloranti e mentre l'uomo guardava le stelle il
ragazzo si addormentò in un sonno senza sogni. La mattina
seguente iniziarono di nuovo la ricerca dell'uovo. Il ragazzo
aveva la voglia di chiedere con quale criterio stessero
affrontando quel compito, cercare qualcosa in un modo così
vago, passeggiando in un posto così isolato, ma l'uomo non
voleva sentire parole o domande a meno che non fosse stato lui
stesso ad interpellarlo, quindi il ragazzo continuava a seguirlo.
A lui interessava essere traghettato a Initio, da lì avrebbe potuto
avere la possibilità di percorrere il sentiero che l'avrebbe
riportato a casa. Con il sole oramai alto, arrivarono davanti un
grande stagno. Daniel era entusiasta di tanta bellezza, le piante
rigogliose intorno al bacino d'acqua, i monti come sfondo, gli

uccelli che volavano felici, il gracidio delle rane, i cigni e fiori di loto con splendidi colori galleggiavano leggeri. Il profumo dei fiori era dolce e piacevole, sembrava un angolo di paradiso, il ragazzo pensava a quante giornate aveva passato nel parco con la mamma, era innamorato della natura, ma in un posto così, con quella libertà non c'era mai stato, aveva passato ore a vedere i pesci sguazzare nella fontana del parco o le anatre nel laghetto, ma in quel posto i colori erano vivi, un ambiente ampio, sotto un cielo complice di tanta bellezza. L'uomo con la barba si mise seduto su di una pietra e fece cenno al ragazzo di sedersi, aprì la bisaccia e ne estrasse della carne secca. "Tieni, mangia". Il ragazzo ne prese ringraziando. "Signore sono giorni che camminiamo cercando qualcosa, ma mi sembra che stiamo solo guardando i paesaggi, dove pensa sia nascosto l'uovo di fenice?" "Non mi sembra di aver mai detto che sia nascosto! Credimi che quando lo troveremo lo capirai, adesso goditi tutto quello che hai intorno, chiudi gli occhi e cerca di capire cosa senti in questo angolo sperduto di mondo" il ragazzo chiuse gli occhi, come gli aveva consigliato l'uomo, fece un respiro profondo caricando i polmoni completamente d'aria meravigliosamente pura. "Sento il canto degli uccelli, rane che gracidano, il vento che soffia tra la vegetazione, sento il sole scaldare il mio viso e le mie braccia e un fresco profumo di fiori" "Adesso scendi da questa pietra, sdraiati sull'erba apri le braccia e fai modo che il tuo cuore quasi esca dal petto, chiudi gli occhi e ascolta meglio". Il ragazzo si sentì sprofondare nella terra, allo stesso tempo, si sentiva talmente leggero da vedere quel posto dall'alto, sentiva un'energia limpida entrare dentro di lui. "Questa volta cosa hai sentito?" "Mi sono sentito parte di questo mondo e ho sentito tanta, tanta energia che entrava nel mio petto, la stessa energia che sento ancora tutta intorno a me" "Adesso andiamo non dovrebbe mancare molto!". Continuarono a camminare in quei luoghi incontaminati, l'aria era fresca e Daniel aveva l'impressione che qualcuno li guardasse e li seguisse, sentiva il fruscio delle piante intorno a lui, a tratti risentiva la paura, era un ragazzo molto insicuro, non avrebbe mai immaginato di vivere una situazione così lontana dal suo normale modo di essere, era cresciuto molto diffidente nei confronti degli estranei, ma quell'uomo, era diverso. Gli dava sicurezza, la sua calma, il suo sguardo sapiente, eppure non sapeva nemmeno il suo nome. "Questa notte ragazzo ci accamperemo su quella altura, sono stanco e penso che anche tu lo sia, domattina ripartiremo". Quella notte il cielo era limpido, si potevano vedere le stelle brillare in tutta la loro meraviglia, le costellazioni e uno spicchio di luna quasi come il cielo fosse inciso da una sottile lama. Questa volta l'uomo estrasse del pane, ne diede al ragazzo. "Il pane è il simbolo del lavoro dell'uomo, la natura ci ha donato il grano, la fatica dell'uomo ci mette il resto". Si sdraiarono molto silenziosamente a terra a guardare le stelle, il cielo era incantevole, Daniel nella sua città non aveva mai visto un firmamento così spettacolare e così vicino a lui. Pensava a quanto fossero lontane quelle stelle, e se in quel cielo così immenso ci fosse stato qualcuno nella loro stessa situazione, magari a guardare le stelle da un altro sistema solare, "È così grande, c'è spazio sufficiente per tante altre meraviglie, mi piacerebbe sapere la verità sull'universo" "Stai chiedendo tanto figliolo, non sei l'unico a farsi queste domande, ma posso insegnarti una cosa, ad ascoltare le stelle , a leggerle e sentire quello che dicono" "Da sempre le stelle sono state la guida di civiltà intere, dal cielo si cerca sempre la verità, in pochi riescono ad ascoltarle, tutti le guardano, quasi nessuno le vede". "Guarda le stelle attentamente, cerca di individuare quella che più delle altre senti tua, lascia lo sguardo da lei. Ora riprendi a guardare le altre, guarda quanto sono in sintonia fra di loro, ora torna a guardare la tua stella, non perderla, amala, dalle un nome, e ogni volta che avrai qualche dubbio chiedi pure a lei, saprà indicarti meglio di chiunque altro". Il ragazzo era rimasto incantato, quel cielo era fantastico, la sua stella brillava con una luce purissima, e con sfumature di colore celeste. Decise di chiamarla Passione. "Respira profondamente, svuota tutto te stesso, manda via tutti i brutti ricordi, respira l'energia delle stelle, sono qui per te, ora in silenzio inizia ad ascoltarle stanno accogliendo la tua sincerità, la contraccambieranno con piacere". La mattina dopo il ragazzo si svegliò carico di energia, cercò di rivedere la sua stella, ma la luce del sole che stava sorgendo aveva fatto svanire quel firmamento incantevole. L'uomo era già sveglio, quando Daniel raccolse da terra, una lunga piuma colorata, chiedendogli di che uccello fosse. "È una piuma di fenice, la nostra ricerca è giunta quasi al termine!". Il sole era alto sopra le loro teste quando iniziarono a sentire il rumore della marcia di un grande corso d'acqua, era un'ottima occasione per riempire le borracce, e darsi una rinfrescata, l'acqua era fredda, limpida, grandi trote nuotavano a caccia di qualche preda. "Dovremo attraversare questo fiume, ma qui è toppo profondo e la corrente spinge troppo, camminiamo lungo la sponda troveremo un guado". Nel cammino Daniel non smetteva di guardare l'acqua, i mulinelli, le rapide, la forza di quella natura così lontana dalla mano dell'uomo, un disegno divino aveva progettato quella meraviglia. Nel proseguire il cammino giunsero in un punto dove l'acqua era bassa e spingeva con poca forza. "Potremmo attraversare questo guado con poca difficoltà che ne pensi ragazzo? Pensi di esserne in grado?" Daniel annuì, gli sembrava un'operazione per coraggiosi, lui non avrebbe mai avuto il coraggio per affrontarla, ma sapeva che non poteva essere di peso a quell'uomo che l'avrebbe dovuto accompagnare a Initio. "Non penso di potercela fare signore, ho troppa paura, non so nuotare, e l'acqua non mi sembra poi così bassa". L'uomo lo guardò con una faccia sicura. "Nei percorsi della vita, arriverà sempre il momento di dover superare un ostacolo. Devi saper scegliere bene il momento giusto, se questo guado non ti sembra abbastanza facile, beh ne cercheremo un altro, ma c'è anche la possibilità che questo sia l'unico, quindi se ancora avremo le forze dovremo tornare indietro, altrimenti dovremo affrontare il fiume in un punto più difficile. Pensaci bene, l'unica certezza che abbiamo è quella che dobbiamo arrivare sulla sponda opposta". Il ragazzo pensava a quanto non si sentiva capace di affrontare ostacoli importanti, da quando era piccolo era sempre stato deriso davanti a tutti per il suo esile fisico, per il suo non essere abile negli sport, per il suo essere imbranato, per ogni prova fisica che gli si poneva davanti che puntualmente non riusciva a superare. A scuola come nel tempo libero, i suoi coetanei ne facevano oggetto di scherno. Daniel amava studiare, leggere, la sua ingordigia di sapere, faceva sì che fosse sempre pronto ad ascoltare le persone che avevano qualcosa da insegnare, ciononostante i suoi voti a scuola non erano dei migliori, la sua insicurezza faceva da padrona nella sua vita, alle interrogazioni gli sudavano le mani, iniziava a balbettare e di conseguenza i compagni iniziavano con la prassi di tutti i giorni, così che lui, non riusciva quasi mai a completare un'interrogazione riuscendo ad esprimere al meglio la sua conoscenza. Pensava a quanto volesse esser sicuro di sé, voleva dimostrare al mondo che anche lui era in grado di fare qualcosa di buono nella vita. Forse quella, era l'occasione che Daniel cercava da tempo. Quell'uomo gli trasmetteva sicurezza, si fidava di lui pur conoscendolo appena, non aveva occhi di coetanei puntati su di lui, e soprattutto non c'era nessuno che l'avrebbe deriso se non fosse riuscito a superare la prova. Ma questa volta doveva mettere in ballo qualcosa di più importante, la vita. Fece dei respiri profondi, chiuse gli occhi come gli aveva insegnato in precedenza l'uomo, cercò di mettersi in sintonia con tutto quello che aveva intorno, provava a caricarsi con l'energia di quel meraviglioso posto. "Possiamo provarci ora! Signore, penso di farcela" L'uomo lo guardò soddisfatto, fece un accenno di sorriso, e gli fece cenno con la mano. "Andiamo seguimi, nella borsa che hai a tracolla c'è una fune, prendila, attraverserò prima io, la lancerò verso di te subito dopo, così potrai aggrapparti e qualsiasi cosa succeda rimarrai legato!" "Ok faremo così, però voglio sapere il suo nome prima di attraversare il fiume, così potrò chiamarla". "Mi chiamo Mikael, adesso prendi la fune". Il ragazzo prese la fune e la diede all'uomo, Mikael iniziò ad attraversare il fiume, la corrente spingeva ed era costretto a camminare piano per rimanere con i piedi ben ancorati a terra. L'acqua non era alta, superava la cinta dell'uomo e non spingeva tantissimo, ma per il ragazzo lo sforzo sarebbe dovuto esser maggiore, era più basso e soprattutto meno forte. L'uomo riuscì ad arrivare all'altra sponda con non troppa fatica, mise i piedi sulla terra asciutta e poggiò la fune a terra. "Adesso prova tu, ce la puoi fare non devi aver timore, sono sicuro che puoi farcela senza problemi". Il giovane iniziò ad entrare nell'acqua. "È gelida!" "Dai non lamentarti e vieni avanti, quando arriverai dove la corrente spingerà troppo ti lancerò la fune". I piedi del ragazzo affondavano nel fondale ghiaioso, avanzava lentamente per non perdere l'equilibrio, a un quarto del fiume chiamò Mikael per farsi tirare la fune, "Sei ancora troppo lontano ragazzo, dai che puoi farcela". Il ragazzo, sentiva che perdeva aderenza, la forte spinta dal basso lo faceva barcollare, lo sforzo era tremendo, Daniel era sicuro di non farcela per nessun motivo. "La corrente mi sta portando via non posso farcela!" "Ti lancio la fune, cerca di prenderla al volo" l'uomo lanciò la fune una prima volta, ma la distanza era troppa per riuscire a prenderla, con il secondo lancio arrivò molto più vicino ma il ragazzo non riuscì a prenderla comunque, Daniel rifletteva su quanto fosse straordinaria quella esperienza, non sapeva come si trovasse in quel luogo, non riusciva a capire perché avrebbe dovuto affrontare quel rischio, ma dentro di sé, sentiva che era la cosa giusta da fare. Per la prima volta sentiva il suo istinto che lo guidava. Al terzo lancio il ragazzo si sbilanciò troppo e finì completamente nel fiume. Quando si sentì mancare aderenza nei piedi un brivido gelido lo attraversò da cima a fondo, non era per colpa dell'acqua molto fredda, aveva avuto paura, aveva riperso la sicurezza in sé stesso, e questo l'aveva portato a lasciarsi andare senza combattere. L'uomo seguì Daniel che rotolava nell'acqua e affondava completamente. "Daniel cerca di aggrapparti a quegli scogli, non mollare ragazzo tieni duro". Riuscì ad aggrapparsi ad uno scoglio, e finalmente i suoi piedi si puntarono di nuovo a terra. Con un enorme sforzo riemerse mentre la corrente lo spingeva per far modo di travolgerlo; le gambe erano stabili e il suo cuore batteva in gola, gli occhi di Daniel iniziavano a guardare l'acqua con un senso di sfida, la vita o la morte, doveva lottare. "Arrivo Mikael, ce la farò da solo, senza corda, non tirarla!". Il ragazzo con un enorme sforzo riusciva a camminare lentamente, sicuro di sé, per la prima volta in vita sua si sentiva forte, convinto di farcela, stava per riperdere aderenza ma si puntò su di una pietra, la sponda era vicina, sempre più vicina, quando mise i piedi sulla terra asciutta iniziò a gridare. "Si, Si, Si, ce l'ho fatta!!!!!". Dopo il grido liberatorio perse i sensi "Daniel, Daniel svegliati, Daniel svegliati!!!". Il ragazzo iniziò ad aprire gli occhi, vide l'uomo che gli teneva la testa. "Hai perso i sensi, ma è andato tutto bene" il ragazzo riprese piena conoscenza, si mise in piedi guardò a terra e vide la borsa. "L'hai tenuta stretta, non l'hai persa neanche con la forte corrente. Sono molto fiero di te, adesso andiamo, abbiamo trovato l'uovo di fenice, dobbiamo tornare alla barca". Mentre camminavano verso la spiaggia dove era arenata la piccola imbarcazione, Daniel avrebbe voluto chiedere di vedere l'uovo di fenice, ma l'uomo con la barba iniziò a parlare prima di lui. "Vedi ragazzo, non volevi attraversare il guado perché credevi di non farcela, ma in questi giorni hai imparato a fidarti di me. Mi vedi forte e sicuro come vorresti essere tu. Quando ti ho detto che ti avrei lanciato la fune hai accettato, ti sei sentito protetto da un uomo sconosciuto, ma quell'uomo sbagliando il lancio, ti ha lasciato solo con il tuo problema, anzi, ha peggiorato la situazione, se tu non ti fossi sbilanciato per prendere quella fune lanciata male, non saresti caduto. Hai preferito provare ad agguantare uno sbaglio altrui, più che fidarti di te stesso, ma quando ti sei trovato solo, tra vita e morte, è uscita la tua forza, il tuo coraggio, è uscito quel ragazzo forte che era nascosto dietro la paura, se ti fossi fidato subito di te stesso e avessi contato solo su di te, avresti attraversato il guado senza problemi." Il ragazzo rimase colpito da quelle parole, forse quello sconosciuto gli stava dando un grande insegnamento, doveva fidarsi più di lui stesso. Dopo quella prova, aveva capito che forse non era proprio così incapace a gestire la sua vita. Arrivarono su un colle da dove si vedeva il mare. All'orizzonte si vedevano le coste di Initio, all'occhio non sembrava troppo lontana, forse qualche ora di navigazione. Il ragazzo non faceva altro che pensare alle tante cose successe ma il pensiero più profondo era rivolto alla mamma, e a quanto potesse essere preoccupata. Voleva tornare a casa, voleva tornare a quella vita anonima, voleva rivedere Linda per dimostrarle che sarebbe potuto essere meglio di quanto lei pensava, ma dentro di sé sapeva che quella ragazza così bella non l'avrebbe mai guardato con lo sguardo che lui sognava. "Ragazzo quella è Initio, quando vi sarai arrivato dovrai recarti a Tatlon dalla sacerdotessa Laima: dopo avergli mostrato l'uovo di fenice ti indicherà il sentiero che dovrai percorrere per tornare a casa". "Dovrò recarmi a Tatlon? Dalla sacerdotessa Laima? Parla come se dovessi raggiungerla da solo, cosa vuol dire?" "Io non posso venire con te, ho altri compiti da svolgere qui, ti ho insegnato a guardare le cose con un occhio diverso, tu in cambio ti recherai dalla sacerdotessa, potrai usare la mia barca" "Non può farmi questo, mi aveva detto che mi avrebbe accompagnato, non sono all'altezza di raggiungere via mare quella costa, non sono capace di navigare da solo, come posso fare?" "Ci riuscirai senza problemi credimi e se avrai qualche difficoltà potrai sempre chiedere consiglio alla tua stella, Initio non è poi così lontana". Il ragazzo guardò la costa che ora gli sembrava molto più lontana di prima. Quando si voltò verso l'uomo, si rese conto che si trovava da solo in un posto che non conosceva.

CAPITOLO CINQUE

Initio, la terra delle città, non era più quella di un tempo, erano lontani i tempi della grande cultura e della saggezza che erano sovrane per il popolo che abitava su quella grande isola. Initio, oramai era lo spettro di quel che era stata, pur apparendo molto più maestosa. I giovani non ascoltavano più i saggi, le mogli non accudivano più i propri mariti e i padri non avevano più nulla da insegnare ai propri figli. Da quando l'esercito del portatore di luce era dilagato nel far da padrone, la gente era troppo presa dalle distrazioni e dalle tentazioni. I portatori di luce erano arrivati da una terra lontana, avevano conquistato Initio senza spargere sangue ma solo con tante promesse di miglioramento: "Toglieremo la gente dai campi per renderla ricca, il sudore non dovrà più scendere dalle vostre fronti per ottenere il successo, e i commercianti avranno nuove fiere dove vendere le proprie mercanzie, potrete comunicare con tutto il mondo in un istante e l'acciaio avrà più valore dell'oro!" queste erano state le parole che avevano conquistato i figli dei saggi. Il grande cambiamento portato all'inizio era stato accolto con grande entusiasmo, un periodo della illusione di ricchezza era pervenuto alla povertà dei popoli, i portatori avevano prima dato tutte le carte annunciate e resi grandi e ricchi gli abitanti, ma dopo qualche tempo avevano fatto in modo di rientrare in possesso di tutte le risorse, lasciando chi per un breve periodo si era illuso, alla deriva. Tutte le città erano cadute nella trappola, tutte, anche Tatlon, ma li vi erano i cavalieri della fenice, un ordine di religiosi guerrieri, custodi del bene e del sapere, gli antichi libri annunciavano il ritorno dell'uovo di fenice: l'uovo avrebbe fatto in modo che la popolazione potesse riacquistare la moralità, degna di quelle terre, e quell'uovo già navigava verso la sua destinazione. Daniel aveva iniziato la sua navigazione a vele spiegate, il vento era lieve ma gli permetteva di avvicinarsi sempre più alla costa che si vedeva ancora molto lontana. La borsa era al riparo sottocoperta, e il ragazzo al timone si sentiva sempre più in sintonia con il mare, con la natura e con il mondo intorno a lui. Non aveva mai conosciuto il padre, sapeva pochissimo di lui, la mamma aveva sempre tenuto un atteggiamento poco chiaro sull'argomento, e Daniel era troppo ubbidiente per pretendere spiegazioni dopo che la donna aveva chiuso i discorsi, ma in quel frangente pensava a lui, avrebbe voluto tanto sapere se avesse avuto il papà al suo fianco, quanto sarebbe potuta essere diversa la sua vita. La navigazione procedeva tranquillamente, ma ad un tratto la vela non fu più spinta dal vento, la costa era ancora troppo lontana, cosa avrebbe potuto fare? Il panico subito s'impadronì del suo corpo, il batter spedito del cuore e la paura ricordavano l'insicurezza di sempre. "Devo mantenere la calma, devo trovare una soluzione ma con la giusta calma". Pian piano il battito cardiaco riprese ad essere regolare. Il cielo era limpido e il sole alto, la borraccia di pelle di pecora quasi vuota, non era una delle situazioni migliori che il ragazzo avesse vissuto, sicuramente non era una situazione in cui Daniel avrebbe mai pensato di potersi trovare. I pensieri erano dedicati agli insegnamenti dell'uomo con la barba, quindi chiuse gli occhi assorbendo l'energia che correva tutto intorno a lui. Il vento non riprese a soffiare ma perlomeno la sua anima si stava ricaricando di positivo e anche in una situazione difficile l'armonia con la natura si affacciava nella mente del ragazzo. Giunse la notte, il cielo era sereno e pieno di stelle, il ragazzo lo scrutava cercando Passione, non riusciva a trovarla, si addormentò mentre pensava a cosa stesse vivendo, avvolto più dalle preoccupazioni che dalla fiducia nelle stelle. Si fece di nuovo giorno, bevve l'ultimo sorso d'acqua e del vento non si sentiva ancora nemmeno l'odore. Il sole sorrideva minaccioso, il mare era calmo e Daniel iniziava a pensare che non avrebbe più avuto la possibilità di riabbracciare la sua vita mentre aspettava rassegnato la fine. Tornarono le stelle, questa volta Passione iniziò subito a brillare sulla sua testa, la luce di quel colore celeste che aveva catturato l'attenzione del ragazzo raggiava fiera nel cosmo. "Daniel, pensi che la tua fine stia arrivando? Ti sbagli, la fine arriverà esclusivamente quando tu non crederai più nella riuscita del tuo cammino, hai saputo aspettare per potermi parlare, per poter chiedere come superare questa tua difficoltà, sono qui solo per ascoltarti, chiedimi tutto quello che vuoi". "Voglio rivedere mia madre, voglio trovare il sentiero che mi ricongiunga a lei, sei capace di farmi strada? Devo raggiungere Initio e il vento non ne vuole sapere di riprendere a soffiare, aiutami ti prego!" "La via è scritta nel tuo cuore, hai saputo aspettare, nella tua paura hai cercato la saggezza, e la tua anima ha saputo percepire quello che di buono era nell'aria, il vento riprenderà a soffiare perché qualcuno ti sta aspettando, questo è il tuo destino e non potrai far a meno di renderlo degno dell'uomo che stai diventando". Le prime nuvole coprirono il firmamento, l'aria si fece di colpo più fredda e il vento gonfiò subito la vela, il ragazzo prese il timone in mano e diresse l'imbarcazione verso le luci accese sulla costa, la sua stella non l'aveva abbandonato e mentre il sole faceva capolino dall'acqua, la costa iniziava ad essere più nitida all'orizzonte, Initio non era poi più così lontana. Tutte le forze del ragazzo erano esaurite, quando la barca toccò terra, fece un enorme fatica per scendervi, le sue gambe erano immerse nell'acqua completamente, quando i suoi piedi toccarono la spiaggia, le ginocchia si piegarono, e la sua faccia di colpo si trovò sulla sabbia della terra delle città.

CAPITOLO SEI

Come tutte le mattine Eosforo si affacciava dal palazzo più alto dell'Impero, guardava fiero quanto aveva conquistato, il suo piano era studiato fin nei minimi dettagli. Gli abitanti di Initio erano caduti nella trappola senza nemmeno capirlo, e oramai era troppo tardi per tornare indietro; i frutti della terra non erano più apprezzati come un tempo, in pochi davano valore alla collettività, e al vivere rispettando la società di cui facevano parte, tutti pensavano a sé stessi, tutti erano presi da quanto di materiale gli era posto davanti. La cultura, la filosofia e il rispetto di tutto quello che si aveva intorno, erano solo un ricordo per pochi, ed era severamente vietato raccontare quello che un tempo era stata quella terra, tutto il materiale che avesse potuto portare informazione ai giovani era stato distrutto: libri, dipinti raffiguranti un mondo felice e pieno della sua naturalezza; i bambini non giocavano più liberi e tutti avevano un numero di matricola, al momento della nascita dopo aver letto le potenzialità psicofisiche, veniva assegnato ad ognuno un incarico che avrebbe portato avanti nella vita, nulla era lasciato al caso, Eosforo definiva tutto questo la perfezione, ma quella perfezione aveva cancellato la libertà di vita, aveva ingoiato un mondo libero e felice, il suo imperatore aveva escogitato un diabolico piano per impadronirsi di questo mondo per disegnarlo a sua immagine, spietatamente aveva fatto modo che nessuno avesse più libertà di pensiero e di azione, controllava semplicemente tutto. Il suo scopo principale, il controllo del corpo e dello spirito di tutti gli abitanti, e tutto questo avanzava senza pietà e in nome di una giustizia contaminata dal male. I cavalieri dell'ordine della fenice si battevano per far sì che il piano di Eosforo non andasse a buon fine, anche se oramai sembrava che nessuno potesse far nulla per fermarlo, ma la profezia annunciava il ritorno dell'uovo. "Svegliati! Ragazzo, alzati da terra non possiamo rimanere qui troppo tempo!" Il giovane aprì i suoi occhi e riprese coscienza, si guardò attorno e vide avanti a sé, l'immagine di un ragazzo con i capelli ricci e biondi, un viso pulito e grandi occhi celesti, accompagnato da due equini purosangue di rara bellezza, nell'alzarsi da terra Daniel notò le proprie gambe più muscolose, le sue mani ora erano grandi e forti, si toccò incredulo la testa e notò che i suoi capelli erano cresciuti. "Cosa mi è successo? E tu chi sei?". "Io sono Gabriel e ora non c'è tempo per le spiegazioni, qui non siamo al sicuro. Quando arriveremo a Tatlon ti racconterò una storia di cui fai parte e le tue idee diverranno più chiare. Adesso andiamo senza troppe chiacchiere, non dobbiamo farci vedere le guardie dei portatori ci staranno già cercando!". I due ragazzi cavalcarono senza sosta per ore, arrivarono davanti alle porte della città di Tatlon e dopo aver raggiunto il centro della città, entrarono in una taverna tipica di Tatlon, dove tante persone consumavano cibi e bevande caratteristiche del posto. Daniel non aveva mai cavalcato, ma riuscì in un modo naturale ad arrivare a destinazione, le sue perplessità erano sempre maggiori, ma Gabriel gli avrebbe dato tutte le spiegazioni che gli occorrevano. Scesero nello scantinato del locale, lì vi era una tavola dalla forma di brillante, con degli uomini seduti. "Daniel, benvenuto tra noi ti aspettavamo da tempo!" tutti gli uomini si alzarono dalla tavola e si diressero verso il ragazzo ponendo a lui il saluto dell'ordine. "Daniel questi uomini sono tutti cavalieri della fenice, sapevamo che saresti arrivato, ma sicuramente tu avrai bisogno di qualche spiegazione, mettiti pure comodo al tuo posto nella tavola, e poni le domande a cui ti serve risposta, poi ti racconterò tutta la storia di Initio". "Qualche giorno fa mi sono ritrovato su un'isola dopo aver guardato nello specchio della mia camera, li ho conosciuto Mikael che, mi ha indicato la strada per Initio dandomi l'incarico di consegnare l'uovo di fenice alla sacerdotessa Laima, ora nella borsa ho l'uovo di fenice, devo consegnarlo alla sacerdotessa. In cambio, vorrei esser messo a conoscenza del sentiero per tornare a casa" "Di ciò che dici già conosciamo tutto, è scritto sul libro sacro. Per quanto riguarda la sacerdotessa, sarà qui a momenti, Raffaele la sta scortando fin qui" l'uomo che uscì mentre pronunciava queste parole era chiaramente lo stesso uomo che Daniel aveva conosciuto sull'isola, il volto però ora era senza rughe e il colore della barba e dei capelli era perfettamente nero. "Ma tu sei Mikael? Come è possibile tutto questo? Mi ritrovo in questo posto senza nemmeno sapere come, la mia età sembra maggiore di gran lunga a qualche giorno fa, mentre la tua viceversa è minore, cosa sta succedendo? Voglio sapere tutto!". "Daniel quando ci siamo visti sull'isola io già sapevo chi fossi, abbiamo cercato insieme l'uovo di fenice. La realtà è che l'uovo di fenice era già davanti a me, dovevo solo svegliare in lui i suoi sensi, insegnandogli a guardare con un altro occhio sé stesso e il mondo intorno a lui: Daniel, l'uovo di fenice sei Tu. Initio insieme a tutte le sue città è caduta nelle mani di Eosforo, capo dei portatori di luce, e dei suoi uomini. Da quando hanno esteso il loro impero fin qui, i suoi abitanti non sono più gli stessi, non hanno più la libertà di pensiero e di azione, tutto questo in nome di una demagogica democrazia che è molto più oppressiva di una dittatura! Le persone pensano di essere libere, ma sono come schiavi usati dai portatori, che una volta arrivati al proprio scopo, quello di portar via tutto l'oro estratto dalla terra lasceranno morire l'ottanta per cento della popolazione. Il male sta diventando sempre più forte dentro gli abitanti di Initio: invidia, egoismo, superbia e giudizio stanno colorando di nero i cuori di questi uomini, il nostro compito è quello di riportare Initio alla cultura, e alla moralità di un tempo, quando i saggi governavano queste terre. La profezia dice che quando l'uovo di fenice sarebbe arrivato a Tatlon e avesse preso per mano la sacerdotessa Laima il popolo avrebbe iniziato a svegliarsi da questo incubo. Una battaglia per il risveglio, combattuta dai cavalieri della fenice guidati da un giovane ragazzo venuto da lontano, sarebbe stata combattuta e vinta, per liberare Initio dalla dittatura. Devi aiutarci a sconfiggere Eosforo e questa battaglia non deve essere combattuta solamente con le tradizionali armi ma con il cuore. A quel punto il sentiero per casa tua ti verrà indicato senza problemi, così è scritto". Il ragazzo rimase perplesso, incredulo, guardò tutti i cavalieri negli occhi, vide in loro forza e speranza, vide degli uomini pronti a sacrificare le proprie vite per una giusta causa. La stanza era in penombra, la luce fioca di una lanterna accompagnava le ombre che sembravano ballare una musica medievale. "Il mio incarico quale dovrà essere, se accettassi?" "Rimani qui con noi, impara la nostra filosofia, cerca di amare la terra delle città e i suoi abitanti, il resto verrà da solo". Il ragazzo pensava alla mamma, alla sua inutile vita e a questa opportunità di sentirsi libero, di sentirsi valido e di poter dimostrare a qualcuno che anche lui potesse valere qualcosa. "La mia casa mi aspetta, mia madre sarà molto preoccupata nel non vedermi, ma voglio sposare la vostra causa, rimarrò per valutare di cosa mi state parlando. In cambio voglio la vostra parola d'onore che se volessi tornare a casa, in qualsiasi momento mi indichereste il sentiero" "La parola dei cavalieri è sacra fratello". I cavalieri gli mostrarono la terra delle città, gli fecero notare quanta poca moralità fosse in quel posto e quanto fossero ingannati dai portatori gli abitanti. Daniel si sentiva in sintonia con quegli uomini. Gli avevano raccontato quanto quel posto fosse stato sereno in passato, quando la parola di un uomo valeva più di un contratto firmato e gli insegnamenti degli adulti nei confronti dei giovani erano sempre dettati dal buon senso e dall'etica; un tempo la parola degli anziani era ascoltata con grande rispetto, i saggi governavano con coscienza obiettiva, per non deludere nessuno, mai con secondi fini, la lealtà era una virtù che accompagnava la vita di tutti i giorni, ma la cosa più preziosa persa dopo l'arrivo dei portatori era la libertà. Tutti erano sottoposti a forme di controllo subdole, alle quali non si sfuggiva, tutto in nome della giustizia, della perfezione...Una grande menzogna, non esiste giustizia dove non esistono uomini liberi, a Initio non si poteva far nulla di testa propria, spendere i propri soldi, crescere a proprio piacimento, i bambini non giocavano più per le strade ma esclusivamente in luoghi chiusi, i giornali e tutti i mezzi per l'informazione erano controllati e manomessi dai portatori, in modo di costruire a piacimento le verità cui tutti oramai credevano e chi non seguiva le regole veniva internato dentro centri di rieducazione dove la vita non era affatto facile. Per i cavalieri tutto questo doveva giungere al termine, la profezia parlava chiaro: il momento non era lontano.

CAPITOLO SETTE

Nello scantinato della taverna i cavalieri erano tutti in attesa del ragazzo: la sua iniziazione sarebbe stata il primo scalino verso la vera rivoluzione contro i portatori. Erano tutti in piedi davanti all'altare alla parte opposta della tavola, le lanterne accese davano quel senso di sacralità degna di un ordine che aveva salvaguardato le antiche tradizioni. La sacerdotessa Laima presidiava dietro l'altare indossando l'abito delle vestali, di candido colore bianco e con la corona di allori sulla testa; ella mise nel sacro candelabro la candela bianca, come simbolo della purezza, Mikael pose sopra la tavola il pugnale nel nome della guerra che avrebbero combattuto da lì a poco. Daniel entrò nella stanza accompagnato da Gabriel che portava il sacro libro tra le mani e Raffaele con le coppe tenenti la cannella e la mirra, tutti e tre si affiancarono alla sacerdotessa e a Mikael dietro l'altare, posero il libro, simbolo della parola eterna e dell'informazione, vicino al pugnale e al candelabro, spogliarono il ragazzo per togliere tutte le impurità dal suo corpo e permettere alla sua anima di risvegliarsi pienamente, e accesero la cannella e la mirra, la sacerdotessa aprì l'antico testo e ne recitò alcuni versi mentre tutti i cavalieri presenti s'inginocchiarono con la gamba sinistra in avanti e i palmi delle mani poggiate sul ginocchio. "L'Ordine della fenice ha ritrovato finalmente il suo condottiero, le antiche parole scritte dalle stelle ci hanno sempre guidato con la sicurezza che i cavalieri dell'ordine avrebbero sconfitto il male, guidati da un ragazzo con il cuore puro. Oggi è il giorno dell'inizio, il ragazzo è qui con noi, spogliato delle sue vecchie vesti e del suo precedente nome: come la fenice rinascerà dalle proprie ceneri insieme a lui rinascerà questo popolo smarrito, tutti insieme reciteremo il decalogo del cavaliere della fenice,

dettato dalle stelle nei tempi antichi, per donarci la saggezza e per salvaguardare le nostre anime.
Il cavaliere della fenice:

- sa che ogni volta che si sentirà abbattuto, troverà la forza per rialzarsi, combattere e vincere.
- sa che la sua anima è eterna come la materia del suo corpo che gli è stata donata dalle stelle.
-sa che dovrà sempre custodire il bene, combattere il male ed essere sincerò con la sua anima.
-sa che le stelle saranno sempre sincere con lui e gli sapranno indicare sempre la strada giusta.
-crede nella famiglia, nell'amicizia, nella fedeltà e nella patria.
-crede nella parola delle stelle e nell'importanza delle sue azioni.
-crede nell'amore, nell' etica, nella moralità, onorando le virtù.
-vive nel rispetto della natura e di tutto quello che lo circonda.
-vive per lasciare un segno tangibile del suo cammino terreno.
-il cavaliere della fenice è un guerriero, e come tale ama le vittorie, combatte le sue battaglie con dignità e onore guarda la guerra con occhio obiettivo e giusto. Non odia neanche il nemico, gestisce la vita con giustizia e fa delle proprie esperienze il suo bagaglio di saggezza, e quando la morte gli sorriderà, contraccambierà con serenità".

"Se ti rispecchi con tutto il cuore in questi antichi scritti, rivolgi la tua anima al cielo fratello, dona il giuramento solenne e il tuo credo all'Ordine, che ti sarà vicino come tu sarai vicino ad esso".
Il nuovo guerriero avvertì un brivido attraversare il suo corpo, una leggerezza spirituale accarezzargli l'anima e una forte voglia di non deludere quei cavalieri che credevano in lui. "Giuro di sposare le leggi dell'Ordine, seguirò il mio cammino facendo

dell'Ordine la mia stella del nord. Guarderò sempre avanti e ascolterò sempre il consiglio delle stelle lasciando la mia vecchia vita per entrare in quella nuova, così è scritto". La sacerdotessa prese le nuove vesti e le porse a Gabriel e Raffaele che vestirono l'iniziato. "Da oggi lasci il vecchio nome purificando la tua anima e tutto il mondo ti conoscerà con il nome di Uriel". Tutti i cavalieri presenti si alzarono in piedi acclamando il loro nuovo condottiero. Uriel, si mise al cospetto di tutti i presenti. "Cavalieri, oggi mi trovo qui con voi per segnare una nuova epoca, il male trasportato dai portatori di luce deve essere combattuto con tutte le nostre forze. Sono arrivato fin qui per tornare verso la mia casa, ma non esiste una mia casa se in qualunque lato del cosmo non regni giustizia, oggi vesto i panni di un guerriero come tutti voi, e come tutti voi metto a disposizione del bene la mia vita, quella vita che senza voi fratelli non avrebbe senso. Oggi non solo scriveremo le nostre gesta per l'eternità, oggi diremo ai portatori di luce che non inganneranno più nessuno perché noi ci batteremo per impedirlo. Da oggi fratelli miei, cavalieri della fenice, è iniziata la rivoluzione per liberare Initio e tutte le sue città, non sarà facile. Molti di noi non vedranno la fine di questa guerra ma tutti noi saremo fieri del guerriero che ha combattuto al nostro fianco, e tutti noi saremo ricordati negli anni che seguiranno questo memorabile giorno". Tutti iniziarono ad applaudire il nuovo guerriero, desiderando di trionfare finalmente sul male. Uriel salì a cavallo aveva bisogno di rivolgere alle stelle qualche domanda, sapeva che avrebbe trovato risposta; avrebbe chiesto a Passione quali sarebbero state le giuste mosse da fare per combattere Eosforo. (Era ignaro del suo futuro, ma iniziava a capire perché si fosse trovato in quel luogo cosi mistico). Cavalcò per ore fino ad arrivare al deserto di Astor. Qui il suo cavallo bianco si fermò di colpo e iniziò a nitrire, Uriel pose la sua mano sulla guancia dell'animale e gli sussurrò parole di conforto, fino a quando la pace conquistò l'equino; procedettero al passo guardando il cielo, Uriel guardo Passione con speranza ed umiltà. Scese da cavallo e iniziò ad assorbire la vibrazione delle stelle, si caricò di quella energia così pura, una sensazione di cui oramai non poteva più fare a meno. Guardò la sua stella e con voce ferma disse, "Sono arrivato in queste terre perché così è scritto, ora voglio conoscere con precisione il mio incarico, devo condurre i cavalieri della fenice per sconfiggere Eosforo, ma come? Quali sono le mosse da contrapporre a costui? Solo tu che guardi attenta le nostre teste dall'alto, potrai indicarmi la via". Il vento iniziò a soffiare e la sabbia si alzò da terra, un mulinello si avvolse intorno a lui, il segnale delle stelle che stavano ascoltando precedette la calma totale, Uriel si sentì alzare da terra come se stesse volando, il mondo intorno a lui girava velocemente, ma lui, si sentiva fermo e non perse di vista Passione, la stella rispose riecheggiando nell'aria. "Eosforo e i suoi seguaci non sono il tuo unico nemico, i portatori di luce hanno conquistato queste terre con i propri abitanti ingannandoli, questi inganni sono ancora nel cuore di tanti uomini che non capiscono che li accompagneranno al baratro. Provvedi a far capire loro che il bene è altro. Eosforo sa che non potrà fare nulla contro il suo destino, ma se non cancellerai le sue azioni, rimarrà vivo nel cuore di chi, nel suo piccolo, proverà ad emularlo. Fino a quando questo potrà accadere Initio non sarà libera dal male, purtroppo il male agirà sempre nell'ombra. Il tuo vero compito è sconfiggere Eosforo ma non riuscirai a completare il tuo incarico facilmente, porta a tutti loro la parola della lealtà, del rispetto dell'altruismo e fai ricordare a tutti quanto sia bello vivere liberi". Uriel cadde a terra, e mentre cercava Passione nel cielo vide una stella cadente, seguì la sua caduta, sentì un tuono quando la vide colpire la terra non troppo lontano da lui, montò a cavallo, iniziò a galoppare verso la luce che emanava la stella caduta, quando scese da cavallo per avvicinarsi alla stella si rese conto che a terra brillava una spada incandescente più luminosa del sole.

CAPITOLO OTTO

"Apparve ancora un altro segno nel cielo: ed ecco un gran dragone rosso, che aveva sette teste e dieci corna e sulle teste sette diademi. La sua coda trascinava la terza parte delle stelle del cielo e la scagliò sulla terra…" (Apocalisse 12:3-4)

Eosforo adunò tutti i suoi generali, sapeva che Uriel si trovava già a Initio con l'intento di sconfiggerlo. Il suo potere era basato sulle riserve d'oro che diventavano sempre più imponenti, niente e nessuno avrebbe potuto fermare il suo cammino. Un tempo lui e Mikael erano stati buoni amici, avevano servito entrambi lo stesso re, poi arrivò il giorno in cui Eosforo propose a Mikael di non servire più il re che a parer suo dava troppa importanza a quei semplici sudditi del regno, usando i suoi generali e il suo esercito per beneficiare esclusivamente questi uomini di poco coraggio. Così il capo dei portatori provò un ammutinamento contro quello che un tempo aveva chiamato padre; Mikael non si schierò dalla parte del suo vecchio amico, ma rimase a comandare l'esercito del suo re. Ne nacque una guerra, Mikael e Eosforo, un tempo amici, si trovarono a scontrarsi in fazioni opposte, Eosforo ebbe la peggio e dopo esser stato esiliato dalle terre, giurò vendetta contro quel re e contro i suoi servitori; sembrava che il portatore di luce fosse veramente lontano da quel regno che viveva tranquillamente la sua vita, ma stava agendo nascosto dagli occhi di tutti. Con il tempo riprese la sua forza, con gli stessi uomini che avevano combattuto quella battaglia cercò abilmente di eliminare le sue tracce e iniziò la sua nuova guerra, questa volta senza spada e senza armatura, ma ingannando ogni persona trovatasi davanti a lui, dando dimostrazione che chi fosse stato dalla sua parte, avrebbe beneficiato della sua astuzia e dei suoi risultati. Eosforo governava l'economia, l'informazione, aveva i suoi fidi servitori nel senato. Ovunque in quelle terre esisteva un organo di potere e di controllo, a tutti gli uomini a cui aveva ceduto qualcosa per i suoi scopi gli aveva tolto tutto dopo averli usati come marionette. Oggi avrebbe dovuto rafforzare tutto il suo potere e, per questo, si riunì con i suoi collaboratori più stretti, pianificando le sue azioni in maniera diabolica. "Oggi la cosa più importante è non perdere risorse, dobbiamo promettere a tutti qualcosa, denaro, donne, potere, dovete esser ancora più astuti, fedeli servitori miei, dovete entrare in ogni famiglia, in ogni attività lavorativa e ovunque ci sia un uomo incorruttibile, corromperlo e fargli capire a chiare note, che noi abbiamo portato la perfezione in queste terre, e che niente e nessuno dovrà contrastarci. I cavalieri della fenice sono il nulla davanti a noi. Ovunque andranno per maledirci noi dovremo mettere lo zampino per rendergli il colpo. Che i bambini non giochino più con nessun gioco, che ogni donna sia infedele al proprio uomo, che nessun uomo si sacrifichi per la propria famiglia, ma esclusivamente per portare potere a noi, che torneremo presto ad essere padroni di quel che c'è sempre appartenuto, finché governeremo anche la voce delle stelle e siederemo sul trono più alto del cielo". Quelle terre un tempo floride di cultura, di moralità e di altruismo divennero sempre più la patria dell'egoismo e dell'immoralità. I suoi abitanti festeggiavano per ogni sofferenza altrui, la forza di un uomo era dettata dal denaro e da quanta gente avesse sottomesso con il suo potere.

CAPITOLO NOVE

La sacerdotessa Laima aveva donato la sua vita per custodire il libro sacro, la sua bellezza era paragonabile alla luce della luna piena nel deserto, la sua parola e la sua conoscenza dovevano entrare nel cuore di Uriel, per renderlo completo e più forte. Lo fece accompagnare al tempio del tempo, dove risiedeva dalla nascita. Uriel, avrebbe dovuto usare tutto il suo cuore per combattere quella battaglia, doveva collaborare con Gabriel e Raffaele, coordinatori dei cavalieri della fenice, il senso di amore e di squadra doveva essere in prima linea con tutti i guerrieri. Quando Uriel arrivò da lei si mise in ginocchio come un guerriero pronto a servire il suo comandante, la sacerdotessa lo fece alzare, iniziò a parlare con lui con la sincerità di chi è capace ad amare. "Uriel sei arrivato fin qui come una semplice persona smarrita, cercavi la strada che ti riconducesse alla tua vita, ora sai che la tua vita è anche questo, compiere i tuoi incarichi per andare avanti, superare le barriere che sono poste sul tuo percorso personale. Non è facile, non tutti ci riescono, la maggior parte delle persone non ha il coraggio nemmeno di iniziare il proprio sentiero, crede di non potercela fare, quindi neanche inizia; altri iniziano il cammino ma non lo portano a termine perché quando ancora il percorso non è finito si fanno trovare impreparati davanti alla presunzione che fa parte dell'uomo. Senza umiltà Uriel, percorsi cosi faticosi ci possono inghiottire e non dar alcun frutto. Questo tuo percorso dovrai affrontarlo con il supporto di altri guerrieri, dovrai fidarti di loro, dovrai esser parte di loro, come tutti loro di te. I sacri libri parlano del tuo arrivo, non narrano come riuscirai a sconfiggere Eosforo, quello lo dovrai scoprire tu, avrai il supporto di tutti i cavalieri, in particolar modo di Gabriel e Raffaele. Devi sapere usar bene le loro doti e farle tue, insieme a Mikael che servirà sempre il popolo di tutte le terre, hai imparato a guardare dentro te stesso, a parlare con le stelle, ora combina questi insegnamenti e scrivi la tua storia con tutto l'amore che puoi; ama te stesso, ama chi crede in te vedrai che riuscirai a compiere quello che devi". Quelle parole segnarono il nuovo guerriero profondamente. Fino a quel momento nella sua vita aveva solo visto la parte peggiore di sé; non avrebbe mai immaginato di arrivar al punto di dover trovare la forza per superare un ostacolo di quel tipo, e quanti ostacoli, che non aveva avuto nemmeno il coraggio di affrontare prima di quel momento, aveva trovato davanti a sé? Oggi non poteva farne a meno, doveva andare avanti e non solo per sé, ma per tutte quelle persone che credevano in lui, aveva trovato un senso di responsabilità che non aveva mai avuto, eppure poco tempo fa aveva una vita così insignificante! Fece un lungo respiro e chiuse gli occhi, pensò a quanto volesse rivedere presto la mamma, ma nel suo cuore sapeva quanto fosse difficile ancora la strada, prese le mani di Laima e le strinse. "Laima farò di queste parole il mio tesoro più prezioso, non deluderò i cavalieri, tantomeno tutte le persone che credono in me, riuscirò nel mio compito, combatterò questa battaglia pronto a dare la vita e dimostrerò quanto la pace sia più potente della guerra, quanto il bene sia vincente sul male e che la vita di un uomo può cambiare, quando quell'uomo impara a leggere nel suo cuore e nella sua anima". Se ne andò con il saluto dell'ordine e con gli occhi fieri. Ora doveva tornare nel deserto a parlare con le stelle, che avrebbero risposto ancora una volta alle sue domande.

Quella notte nel deserto di Astor regnava un cielo incantevole, tutte le stelle volevano essere ammirate e dare la loro benedizione al nuovo guerriero. Il cielo è sempre complice di ogni azione dell'uomo, l'uomo è figlio del cielo, modellato con la stessa materia delle stelle. Di stelle, come di uomini, ce ne sono di buone e di cattive, ecco perché ogni uomo deve scegliere la sua con attenzione, deve ascoltare le sue parole con premura, non farsi mai ingannare da quelle che non parlano al cuore ma che mandano messaggi esclusivamente al cervello, la differenza è immensa, il cuore di un uomo può essere puro, il cervello invece è inquinato dalle infinite distrazioni messe davanti dal male. Ci sono soltanto due possibilità, cercare di purificarsi l'anima, o cadere davanti a Eosforo, e questa battaglia va combattuta ogni singolo giorno. Passione accolse Uriel con una pioggia di stelle cadenti, l'anima del nuovo guerriero si aprì all'immenso. "Stella che brilli nei cieli, il mio compito ora non è più così facile, Eosforo non è un nemico che si farà sconfiggere in fretta, indicami la via, mostrami le azioni da sostenere per non deludere nessuna delle persone che crede e confida in me la sua speranza" "Uriel c'è forse mai stato un compito facile nella tua vita? Sei arrivato fin qui ascoltando la tua anima, mettendoci il cuore, hai incontrato persone che ti hanno solo insegnato quello che già sapevi ma che non riuscivi ad ascoltare, oggi io ti dico che stai camminando per la giusta via, fidati del tuo istinto. Voglio invece farti un regalo importante, vai alla città di Valgon, lì c'è un povero pescatore che si fa chiamare Erasm, portalo con te, ti aiuterà nel tuo incarico. Ma attenzione, per incontrarlo dovrai leggere dentro di te e ascoltare il tuo cuore come non hai mai fatto". Questa volta Passione era stata molto criptica a dargli informazioni, il giovane guerriero iniziò la sua cavalcata verso Valgon. Viaggiò per giorni, quando arrivò in quella città di mare, iniziò la ricerca dell'uomo. Il primo giorno i pescatori erano tutti fuori per la battuta, quindi si rifugiò in una locanda a mangiare un pasto caldo, l'ambiente non era come quello che aveva visto ad Initio fino a quel momento, nella locanda c'erano diverse persone ubriache e le cameriere sembravano molto disponibili a concedere la loro compagnia in cambio di qualche denaro. Ultimò il suo pasto, e mentre si stava alzando ascoltò i racconti di due clienti della locanda. Parlavano di un pescatore, il più ricco della città, raccontavano del suo modo di sottomettere i pescatori più poveri e di ricattarli per comprarne il loro modesto pescato, pagandolo a prezzo inferiore a quello di mercato. Così questo signore avrebbe potuto guadagnare sulla vendita del suo pescato e su quello degli altri pescatori, Uriel pensò che il luogo giusto per cercare un povero pescatore quindi, sarebbe stato dove il ricco pescatore attraccava, forse Passione gli aveva indicato Erasm, per farlo proteggere da quel ricco, o per reclutare tutti i pescatori stanchi di quei soprusi perché lo affiancassero nella battaglia contro il male. Comunque il suo istinto gli diceva che il ricco pescatore l'avrebbe condotto da Erasm. Quando la mattina seguente i pescherecci attraccarono al piccolo porto, Uriel notò subito il grande peschereccio, doveva essere quello del pescatore dei racconti nella locanda. Si mise in disparte a guardare le trattative d'acquisto con i pescatori meno fortunati, ne notò uno in particolare, la sua famiglia lo stava aspettando sul molo, sua moglie abbigliata di poveri vestiti e i suoi tre piccoli figli. Si diresse da lui. "Salve, il mio nome è Uriel: sto cercando un povero pescatore di nome Erasm può indicarmi dove trovarlo?" "Caro Uriel, qui i pescatori sono tutti poveri, siamo costretti a vendere il nostro pesce a prezzi bassissimi a quel signore che ci minaccia da anni, siamo costretti per dar da vivere alle nostre famiglie, le nostre mogli e i nostri figli ci aspettano per questi pochi spiccioli, solo noi pescatori, in questa città, siamo rimasti a credere nella famiglia, noi ascoltiamo il mare e i suoi consigli, e uno solo si chiama Erasm". In quel momento sul molo passeggiavano due prostitute. "Erasm questa sera ti diverti con noi?" Il ricco pescatore rispose alle due donne. "Prima guadagno i miei amati soldi e poi vi terrò un po' di compagnia, ma chiamate anche qualche altra vostra amica! Hahahaha". Uriel guardò quello che aveva attorno con una prospettiva diversa, mentre ascoltava il povero pescatore. "Hai sentito da solo Uriel, qui l'unico pescatore di nome Erasm non è povero, guadagna alle nostre spalle e delle nostre famiglie per spendere denaro con le prostitute, e noi riusciamo a malapena a dar da mangiare ai nostri figli che sono la nostra ricchezza, ma lui non ne ha, quindi non può capire" Uriel ringraziò il pescatore, "Grazie mi è stato di grande aiuto, spero che un giorno potrò contraccambiare in qualche modo la sua gentilezza" "Non puoi fare nulla per noi ragazzo, qui siamo tutti spacciati davanti a questa piaga chiamata denaro, ha portato corruzione e violenza in questa città, e io se potessi giuro che me ne andrei, ma purtroppo Initio è caduta nel baratro per intero". In quel momento capì cosa Passione intendeva per "povero"; era la vera povertà, quella dell'animo, era schiavo dei suoi denari e non riusciva a capirlo, era il vero povero tra i pescatori. Uriel si rivolse al pescatore e alla sua famiglia. "Mi ascolti, i giorni del male stanno per terminare, io faccio parte dell'ordine della fenice, vengo da Tatlon, stiamo pianificando azioni contro Eosforo, se è stanco di questo sistema si unisca a noi, con la sua famiglia, con i suoi amici che sono stanchi come tutti noi, dimostreremo tutti insieme che il bene non potrà mai essere sconfitto!" "Ragazzo se tu stai dicendo il vero, da noi avrai tutto l'appoggio, non siamo proprio così pochi come Eosforo crede, siamo solo sfiancati, ma per un'azione vera siamo tutti pronti a morire". "Allora aspettate mie notizie dal nostro messaggero, si chiama Gabriel verrà a mio nome e vi indicherà cosa fare" "Sia ricordato il tuo nome". Uriel guardò Erasm, aveva un viso già visto. Quando l'uomo scese dal peschereccio, non ebbe più dubbi, aveva visto quell'uomo nelle fotografie nascoste nella camera della madre. Come era possibile incontrare qualcuno che aveva visto solo in fotografia, proprio in quel luogo? Rimase quasi impietrito e senza parole, "Erasm posso scambiare qualche parola con lei?" "Se vuoi comprare del pesce hai tutto il tempo che serve, altrimenti puoi anche andare" "Perché mi risponde con questo tono arrogante? Si sente forse migliore di me? Per quale motivo?" "Senti ragazzo non ho capito cosa cerchi e non ho tempo da perdere". Uriel doveva cercare un dialogo con quell'uomo e capire perché Passione l'avesse diretto verso di lui, quindi prese l'occasione per parlargli delle fotografie. "Io la conosco, so bene che lei è arrivato a Initio da un luogo lontano, non saprei come sia giunto qui, ma anche io vengo da quel luogo, non so chi sia e perché mai mia madre tenga delle fotografie che la raffigurano". "Senti ragazzo ti stai sbagliando di grosso, io non so nemmeno di cosa stai parlando quindi fammi il piacere sparisci da davanti ai miei occhi!". Uriel non rimase sorpreso da quella reazione del pescatore, immaginava che una persona così arrogante non sarebbe stata facile da coinvolgere in un dialogo, ma ora oltre a volergli parlare per le parole di Passione, aveva anche la curiosità dettata da quelle immagini. "Erasm io penso che lei abbia la faccia da duro e che riesca facilmente a sottomettere questi poveri pescatori, ma che dietro a tutta questa forza ci sia un uomo che sta scappando dal suo passato perché non ha il coraggio di affrontarlo, lei può fare e dire quello che vuole, è padrone della sua vita, io sono qui per aiutarla e per ricevere altrettanto aiuto; se non mi vuole ascoltare faccia pure come crede, ma rimarrà sempre e solo un codardo!". L'uomo si rese conto che quel ragazzo parlava con una grinta diversa da tutti, probabilmente era vero che erano giunti a Initio e partiti dallo suo stesso luogo. In quel ragazzo c'era qualcosa che gli ricordava sé stesso prima di partire per la chiamata alle armi, tanto tempo prima, andò incontro ad Uriel. "Caro il mio ragazzo, è vero sono arrivato qui da un luogo molto lontano, e completamente diverso da questo posto, ma non so nulla di queste fotografie delle quali parli, quindi spiegati bene e chiudiamo questo discorso". Uriel gli parlò della madre e delle fotografie nascoste, gli descrisse il posto da cui veniva e tutto quello che aveva vissuto nella vita. L'uomo davanti a lui aveva un viso incredulo, non riusciva a capire come fosse possibile, aveva voce tremolante e viso pallidissimo quando gli disse; "Tu sei…tu sei…come è stato possibile che mi hai raggiunto in questo posto? Come è possibile che mi sia dimenticato di te? Ragazzo io amavo tua madre e forse non ho mai smesso, ma c'è una cosa molto più importante che devi sapere, tu sei mio figlio". I due si guardarono per la prima volta, lo fecero in modo molto profondo, avevano capito entrambi, che nella loro vita in quel momento, stava succedendo qualcosa di veramente importante. Uriel e Erasm si strinsero in un abbraccio che non c'era mai stato, era stato derubato da un destino nemico. Parlarono per ore, Erasm decise di seguire suo figlio ritrovato, ci volle poco a sconfiggere il male che aveva dentro, a volte la corruzione, l'arroganza sono solo sintomi di ostacoli non superati in passato, finalmente quell'uomo aveva ritrovato una parte di sé persa tanti anni prima, e ora aveva la voglia di esternare quel che aveva nascosto alla sua anima per tanti anni. Cavalcarono per ore, arrivarono nel deserto, il cielo era stellato ma questa volta le stelle fecero solo da cornice ad un incontro tra padre e figlio, si accamparono e accesero un fuoco, parlarono del compito di Uriel, mangiarono carne e bevvero vino rosso. "Figlio, io e tua madre un tempo eravamo felici, ci amavamo immensamente, dopo anni di fidanzamento ci unimmo in matrimonio, avevamo costruito una casa accogliente, modesta, ma messa su con lavoro e sacrifici; tua madre era una moglie magnifica e io cercavo sempre di renderla felice, il giorno che mi disse che aspettava un bambino mi sentivo l'uomo più fortunato di tutto il mondo, ma subito dopo scoppiò la guerra, l'esercito nemico invadeva le nostre terre ed io, come tanti altri nostri connazionali, fui chiamato alle armi. Stavo lasciando la donna che amavo per servire la patria, ne ero fiero, avrei combattuto a testa alta per lei, per mio figlio e per tutto quello che di buono avevamo costruito: il tiranno invadeva le nostre città e io non potevo stare a guardare. Partimmo per il fronte, il tempo passava e ogni giorno vedevo giovani ragazzi cadere a terra, mutilati, dilaniati; in guerra vedi la sofferenza di uomini straziati dal dolore, non vi è gloria in guerra, gioisci per una battaglia vinta, ma in quella battaglia sei stato costretto ad uccidere i tuoi nemici che hanno altrettante famiglie e figli che aspettano il loro ritorno, in guerra pian piano i sentimenti svaniscono, prendono il loro posto rancori e paure. Un giorno io e una squadra di commilitoni andammo in perlustrazione e fummo catturati, iniziarono a torturare l'ufficiale che ci guidava per fargli confessare dove era appostato il nostro plotone, non parlò e fu ucciso senza pietà, iniziarono a torturare gli altri miei commilitoni, le urla di dolore e poi il silenzio. Arrivò il mio turno, come un codardo non riuscii a emulare i commilitoni uccisi, indicai dove era accampato il plotone che fu raggiunto dal nemico e sterminato, arrivai al campo dopo l'accaduto e vidi quel che la mia codardia aveva combinato, tanti ragazzi uccisi, il cuore si svuotò da tutto, iniziai a piangere e vagare nel bosco per giorni, i sensi di colpa mi stavano distruggendo, decisi di farla finita, mi gettai nel fiume dall'alto di un burrone. Mi svegliai sulla sabbia di una spiaggia di Initio, quei sensi di colpa con il passar del tempo svanivano e cominciai una nuova vita, volendo dimenticare tutta la sofferenza che avevo avuto in quella passata". Uriel era sorpreso da quel racconto, ora aveva conosciuto suo padre. Prima di quel momento aveva sempre saputo che era morto da eroe, ma forse quell'uomo ora aveva la possibilità di togliersi quel macigno dalla coscienza. "Inviarono alla mamma una medaglia d'oro al valore, lei ancora ti ama come nei tuoi racconti, mi ha cresciuto da sola, senza farmi mancare nulla, solo in un obiettivo è stata impotente, non è riuscita a darmi un padre, non mi ha mai parlato di te, solo pochi dettagli, i tuoi ricordi li custodisce gelosamente nel suo cuore, forse lei immagina che sei ancora vivo" "Uriel mi stai dicendo che tua madre non si è mai più ricongiunta con un altro uomo perché ancora mi ama?" "Mai, ha sempre detto che ha amato e amerà per sempre un solo uomo" Erasm guardò il figlio dritto negli occhi e strinse le sue spalle con le mani, "Uriel vinciamo questa guerra, e torniamo a casa!".

CAPITOLO DIECI

I cavalieri della fenice si riunirono tutti nel locale sotto la taverna, si era unito a loro anche Erasm; la sacerdotessa Laima, Mikael, Gabriel, Raffaele e Uriel, insieme a tutti i cavalieri adesso dovevano passare all'attacco, ma non dovevano agire nello stesso modo dell'esercito di Eosforo. Loro, avrebbero dovuto conquistare la vittoria con il cuore, questa guerra non doveva essere come tutte, e non volevano una guerra per la pace o come le tante guerre sante, in nome di religioni di ogni genere, dichiarate sotto il nome di ogni tipo di Dio, ma sempre con, sangue, violenza e sofferenza. I cavalieri questa volta dovevano sconfiggere il marcio, entrando nei cuori delle persone, che si erano fatte conquistare dal male senza nemmeno rendersene conto. Erasm, ne era l'esempio di come ogni uomo che sia diretto verso il male, abbia sempre un motivo scritto nel suo passato. Ogni bambino ricevendo il battesimo viene liberato dal male, ma nel suo percorso di vita traccia il suo futuro; tutti hanno libero arbitrio su come procedere verso esso, bisogna essere stabili nella parola del cielo, essere forti d'animo, e accogliere solo l'amore, per evitare di raggiungere il male. Mikael era il cavaliere che meglio conosceva Eosforo, l'aveva già sconfitto tanto tempo prima. Oggi i cavalieri della fenice dovevano farlo di nuovo, e questa volta doveva essere per sempre. "Cavalieri, guerrieri, queste terre e i loro abitanti hanno preso il percorso sbagliato, come tutti già sapete, abbiamo il compito di fermarli, questo compito ci è stato inviato dalle stelle. Tanto tempo fa ho combattuto contro Eosforo e il suo esercito, abbiamo combattuto una battaglia feroce dove il cielo faceva da cornice, e lui e i suoi servitori sono stati sconfitti ed esiliati. Ma quella non fu una sconfitta definitiva; abbiamo sconfitto l'esercito del portatore, ma abbiamo lasciato impuro il cuore di tante persone che hanno assistito alla battaglia. Con il tempo i portatori si sono rifatti avanti con più astuzia, hanno camminato strisciando come serpenti e ingannando lentamente ogni persona che si è imbattuta nella loro presenza, conquistando obiettivi sempre più importanti: oggi stanno conquistando il mondo, ne hanno conquistato una grande parte, hanno seguaci inconsapevoli di tutto, in ogni angolo di Initio. Dobbiamo dire basta a tutto questo, dobbiamo conquistare il popolo e renderlo consapevole del giusto amore per la sua terra, altrimenti ci penseranno le stelle a mettere fine a tutto questo, e questa volta per sempre, nessuno avrebbe più la possibilità di recuperare il danno. Le stelle hanno mandato Uriel per guidarci nel nostro intento, non possiamo perdere. Questa, fratelli miei, è l'ultima battaglia che combatteremo insieme, la battaglia più importante della nostra vita e se non la vinceremo la sconfitta ci seguirà oltre la nostra morte". Uriel ascoltò le parole di Mikael con rispetto, questa volta era pronto a dar fiducia al suo istinto. I cavalieri erano tutti fiduciosi dell'inviato dalle stelle, e quando prese la parola ascoltarono con il maggior interesse possibile. "Essere un guerriero ha come primo obbligo sentirsi un guerriero, so che tutti voi, fratelli miei, vi sentite in pieno padroni di questo titolo, ma essere un guerriero non vuol dire necessariamente combattere una guerra facendo scorrere del sangue. Questa volta le stelle ci chiedono più sacrificio del solito, ma lo fanno donandoci la loro gloria, il loro amore, il loro sguardo più profondo, dovremo portare la loro parola del bene all'interno del cuore di tutti gli abitanti di queste terre, dovremo abbattere la violenza con l'amore, portar in ogni angolo di Initio la parola del cielo; voi come me sarete servitori di questa parola, in questo incarico vi aiuterà Gabriel che sarà il vostro coordinatore. Ma il primo messaggio lo porteremo a Eosforo: gli daremo la possibilità di abbandonare Initio per sua volontà". Uriel diede subito incarico a Gabriel, di far visita a Eosforo personalmente.

CAPITOLO UNDICI

Il palazzo di Eosforo dominava la città con la sua altezza. La sua imponenza dava un segno della potenza del suo imperatore, era imbarazzante per una città avere un palazzo di quello splendore e alla sua ombra baracche senza dignità. Initio in questo si era trasformata, chi tanto e chi niente, ricchi e poveri, la gente povera era esausta di un sistema maligno, dove per ottenere successo saresti stato costretto a sottomettere i tuoi simili, le persone meno abili non riuscivano ad ottenere nulla oltre la sofferenza; chi con sacrificio provava a condurre una vita onesta piena di valori morali, riusciva a conquistare quel poco per vivere e pagare ai portatori di luce le altissime tasse e al contrario chi era senza scrupoli riusciva ad approfittare di questo meschino sistema, viveva con tutti i lussi e tutti gli agi, ma comunque alla fine era tutto controllato da Eosforo: per sua volontà, da grande ricchezza si finiva in estrema povertà, un tempo invece quando era governata dai saggi ogni persona era libera di vivere felicemente, ma quei tempi erano lontani, ora erano tutti schiavi del denaro. "Così questo giovane guerriero ora vi comanda tutti? Anche voi che siete qui da sempre ascoltate le parole di un giovane che di Initio non conosce nulla? Ahahhah, quanto siete caduti in basso, unitevi a me invece di cercare di sconfiggermi, avrete grandi benefici!" "Non sono venuto per contrattare qualcosa, ti porto questo messaggio da parte dei cavalieri della fenice; ci sarà battaglia, ma abbiamo scelto di dare la possibilità di decidere a te, torna dove sei stato spedito tanto tempo fa non hai alternativa!" "Così voi stareste dando un'opportunità a me? Ti ricordo che sono l'essere perfetto, il più potente che questo mondo possa vedere, da qui, alla fine dei tempi io regnerò e lo farò dal più alto trono del cielo!!!". Eosforo era un uomo bellissimo, il tempo non scalfiva il suo viso splendente, aveva ascoltato le parole di Gabriel e le aveva prese come una dichiarazione di guerra, sapeva che Gabriel non avrebbe ceduto a nessuna sua proposta, era consapevole che questa volta doveva usare la sua grande arte dell'inganno, si sentiva di gran lunga superiore a uno straniero venuto da chissà dove, alla guida di un esercito prevedibile e leale.

CAPITOLO DODICI

La sacerdotessa aveva voluto incontrare Uriel in un luogo dove non ci fossero occhi indiscreti, una volta raggiunta nella foresta subito fuori la città, avrebbero potuto parlare con tranquillità. Uriel doveva prendere la decisione giusta, le sue decisioni e le sue azioni avrebbero determinato le vite dei cavalieri. Lo raggiunse con tutta la sua bellezza e femminilità, arrivò sola, aveva chiesto altrettanto all'uovo di fenice "Le stelle ti hanno guidato fin da noi, ti ho aspettato perché sui libri sacri che ho da sempre custodito, c'è scritto il tuo nome, ma i cambiamenti che porteranno le tue azioni faranno sì che queste terre cadranno nello smarrimento più estremo, la guerra sarà lunga, Eosforo non sarà un nemico facile da cacciare e molti guerrieri non vedranno mai l'alba della libertà. Sei arrivato a Initio per raggiungere il sentiero che ti ricondurrà alla tua vita, da tua madre, posso indicarti la via e questa tua responsabilità ti sarà sollevata". "Laima, è vero sono arrivato qui per tornare alla mia vita, ma gli insegnamenti di Mikael mi hanno fatto vedere il mondo con un occhio meno superficiale e ora so che voglio essere qualcosa di diverso, ho rincontrato mio padre e dopo che avrò sconfitto Eosforo lo riporterò a casa con me e questa sarà la mia ricompensa più grande". "Tuo padre? Quell'uomo ti ha abbandonato tanti anni fa solo con tua madre, e tu saresti pronto a dare la tua vita per lui. Questo dovrebbe farti capire quanto le tue decisioni siano prese dalla voglia di riconquistare il passato ma non dalla giustizia di vita, c'è chi soffre invece per la tua assenza, vuoi vedere tua madre Uriel? Chiudi gli occhi ti apparirà la sua immagine". Per la grande curiosità il cavaliere chiuse gli occhi e, l'immagine della madre apparve davanti a lui, era tanto tempo che non la vedeva e moriva dalla voglia di riabbracciarla, la donna sembrava molto invecchiata, i capelli grigi dominavano il suo capo, e piangeva davanti la foto del figlio, l'unica persona che le era rimasta, era andata via come aveva fatto il marito molto tempo prima, il destino della donna era segnato dalle difficoltà e dalla solitudine, dagli occhi del cavaliere iniziarono a scendere delle lacrime. "Daniel torna da tua madre posso indicarti la via, non combattere una guerra per gente che appena conosci, e non lasciare ancora sola tua madre anche tu". La sacerdotessa gli prese la mano, lo guidò fino ad arrivare al sentiero. In quel momento riconobbe in lui la paura di un tempo, l'insicurezza lo stava mettendo davanti un dubbio molto più grande di sé. Pensava alla madre, a Eosforo e alle cose insegnate da Mikael, iniziò a percorrere i primi passi verso il sentiero, mentre la sacerdotessa lo guardava. "Vai Daniel e non guardare indietro, penserò io a dire ai cavalieri della tua decisione". In quel momento Uriel non ebbe più dubbi, si volse e guardò la sacerdotessa allo stesso modo della quercia indicata da Mikael sull'isola. "Eosforo non riuscirai a sbarazzarti di me con questi inganni!!!" sguainò la spada indicata dalle stelle puntandola al cielo, una grande luce si proiettò verso il cielo, anche gli alberi si inginocchiarono davanti a tanta potenza e Laima riprese le sue vere sembianze, si coprì il volto con il nero mantello. "Uriel pensi che ora che mi hai scoperto riuscirai a sconfiggermi? Ti sbagli, di grosso!" "Non sono io che ti sconfiggerò Eosforo, sarà la tua presunzione!"

SECONDA PARTE

Un bambino mano per la mano con la mamma è uno spettacolo meraviglioso. Quella mattina Daniel camminava con la mamma diretto verso il parco, la scuola era finita e con il lavoro da svolgere la mamma di Daniel era costretta a portarlo con lei, ma la domenica mattina erano soliti passeggiare spensierati insieme, dopo aver partecipato come d'abitudine alla santa messa. Il parco era la meta preferita dal bambino, e la mamma non voleva altro che vedere suo figlio felice, Flora era una mamma molto apprensiva e difficilmente faceva giocare Daniel con i figli di sconosciuti, ma lì nel parco incontrava sempre qualcuna delle sue amiche con i propri figli; quella mattina seduta a una panchina c'era una sua vecchia amica d'infanzia, stava in compagnia del suo figlioletto più o meno coetaneo di Daniel. «Flora, quanto tempo è passato? Ti trovo in grande forma sei bellissima! Questo cucciolotto è tuo figlio?». Flora e la sua amica parlarono per ore mentre i due bambini iniziavano a conoscersi. Il figlio della sua amica purtroppo era nato cieco, ma la sua mamma aveva fatto di tutto per farlo vivere nel modo più normale possibile. Daniel e Manuel instaurarono subito una buona amicizia e le due amiche, una volta rincontrate dopo tanti anni passavano spesso del tempo insieme, anche per permettere ai due bambini di coltivare quel che c'è di buono in una sana amicizia. Flora raccontò parte della sua vita e le mille difficoltà di una giovane vedova, nel crescere un figlio senza padre, la sua amica invece aveva incontrato un uomo facoltoso, una brava persona e padre di famiglia esemplare. Purtroppo il destino le aveva mandato un figlio con il grande problema della cecità. La sua amica si offrì di ospitare Daniel in casa sua nelle ore di lavoro di Flora, che accettò la gentilezza. Erano state buone amiche fino all'adolescenza e ora che si erano incontrate di nuovo, sembrava che il tempo non fosse passato mai. Daniel e Manuel passavano interi pomeriggi a giocare a nascondino, Manuel conosceva la sua casa alla perfezione anche non avendola mai vista; aveva sviluppato tutti gli altri quattro sensi che facevano di lui un bambino felice. Daniel guardando la felicità di quel bambino non riusciva a capire come, con una disgrazia del genere da portare sulle spalle, potesse essere sempre così sorridente e allegro. «Daniel ma tu riesci a vedere il mondo?». «Si, i miei occhi mi permettono di vedere tutto quello che esiste intorno a noi». «Io non ho mai visto nulla con gli occhi ma riesco a percepire quello che c'è tra noi con le mani e con il naso, e riesco a sentire gli stati d'animo della gente con le orecchie». Il bambino sorrideva mentre lo diceva, si avvicinò a Daniel e gli iniziò a toccare il viso con le mani. «Sai Daniel io non vedrò mai il tuo viso ma saprei riconoscerti in mezzo a mille persone, sei il mio amico migliore, gli altri bambini non vogliono giocare con me perché pensano che io sia diverso da loro, non gliene do una colpa ma questa è una delle poche cose che mi mette tristezza, Dio ha voluto che nascessi cieco, ma mi ha dato la possibilità di vedere il mondo in altri modi, e so che i bambini che giocano con me sono miei amici, Daniel tu sarai sempre mio amico? O diventerai cieco davanti ai sentimenti di un ragazzino non vedente?» «Puoi dirlo forte Manuel, io sarò sempre tuo amico e non tradirò mai la nostra amicizia. Diventeremo grandi e un giorno faremo un viaggio insieme, gireremo tutto il mondo nel nome della nostra amicizia». Quando Daniel tornò a casa, sdraiato sul suo letto cercava di capire come vedesse il mondo il suo amico chiudendo gli occhi, non riusciva a capire come potesse giocare a nascondino e fare tana molte più volte di lui, voleva molto bene a Manuel e amava passare il tempo in sua compagnia, oramai andava sempre più spesso a giocare a casa sua e, molte volte le mamme li portavano al parco dove Manuel insegnava a Daniel come riconoscere i versi degli uccelli o a distinguere gli alberi dal movimento delle foglie, Daniel invece raccontava a Manuel come fossero i colori o le forme del mondo. Pensava a un giorno in particolare quando, al parco mentre stavano sdraiati sul prato ad ascoltare i mille rumori intorno a loro, Manuel chiese a Daniel di fargli una descrizione del cielo, lui non poteva toccarlo quindi non riusciva a distinguere e immaginare, Daniel gli descrisse il cielo di giorno, le nuvole il sole gli uccelli, ma quella sera mentre era sdraiato, gli venne in mente che avrebbe dovuto descrivere al suo amico anche il cielo della notte. Il giorno seguente sarebbe stata la prima cosa che avrebbe fatto con Manuel. Il giorno dopo lui e la mamma andarono a casa di Manuel, entrarono e l'amica della mamma aveva preparato un tè caldo, «Daniel, Manuel ha l'influenza sta a letto ma tu vai in camera sua a fargli un po' di compagnia, senza avvicinarti troppo o la prenderai anche tu». Daniel salì in camera e si mise seduto alla seggiola vicino la scrivania, Manuel invece era seduto sul letto, Daniel vide una campanella tutta d'oro sulla scrivania e mentre parlava con il suo amico non riusciva a distogliere lo sguardo da quell'oggetto, «Daniel cos'hai? Ti sento nervoso cosa ti è successo?» Daniel prese la campanella, con molta attenzione la mise in tasca sapendo che il suo amico non l'avrebbe mai potuto vedere. «Mi sento un po' stanco forse sto prendendo anche io l'influenza è meglio che vada, ci vediamo domani» Daniel scese e se ne andò insieme alla mamma, andarono a casa e il bambino prese la campanella dalla tasca, era bellissima e tutta d'oro, cosa avrebbe dovuto farsene il suo amico? Così la nascose fra le sue cose e si mise a dormire; il giorno dopo quando andò dal suo amico la mamma gli disse che era ancora malato e che era meglio se tornasse a casa. Così andò avanti per diversi giorni. Le sue giornate stavano diventando tristi, sempre in solitudine, anche il parco non era la stessa cosa senza Manuel. Daniel era molto preoccupato per il suo amico, aveva paura che gli stesse nascondendo qualcosa e che quella semplice influenza fosse qualcosa di più grave. Passò più di un mese, un giorno il suo amico lo mandò a chiamare dalla sua mamma invitandolo a casa sua, quando arrivò dall'amico lo vide in perfetta forma. «Daniel domani io e la mia famiglia partiamo per una città lontana, il mio papà ha avuto una promozione e dovrà curare degli affari lontano da qui, volevo dirtelo io e non che lo sapessi da qualcun altro». «Perché se non stavi male non mi hai voluto vedere tutto questo tempo? Ora mi stai dicendo che andrete via, non è giusto avremmo potuto passare del tempo insieme!» «Invece sono stato veramente male Daniel, non per malattia ma sono stato ferito dal tradimento del mio migliore amico, avevo deciso di regalarti quella campanella in previsione della mia partenza, ti avrei detto «suonala ogni volta che mi penserai» così il mio buon udito mi permetterà di sapere che il mio amico non mi avrebbe mai dimenticato, ma tu hai preferito prenderla da solo, rubando quella campanella mi hai tradito e ferito profondamente non per il gesto del furto, ma perché quel mio amico che mi aveva fatto sempre sentire normale ha sfruttato la mia cecità per ingannarmi come un qualsiasi sconosciuto. Adesso sto andando via, fra me e te forse non sarà più la stessa cosa, ma comunque volevo dirti di non tenere quella campanella nascosta tra le tue cose, è stato un oggetto molto importante per me, era appesa sulla mia culla e mia madre sapendo che non avrei mai potuto vedere, mi ha insegnato a seguire i rumori e i suoni distinguendoli con essa, è stato un oggetto che mi ha sempre accompagnato, sostituiva i miei occhi, volevo regalarla a te in modo che anche tu avresti imparato ad a vedere con altri occhi, è andata così, con una fine non degna di quello che eravamo, ma ti vorrò sempre bene, adesso puoi andare». Daniel scappò via senza riuscire a pronunciare una parola, i suoi occhi erano pieni di lacrime quando arrivò a casa, la mamma gli aprì la porta e lui riuscì a dire solamente tra i singhiozzi: «Manuel e la sua famiglia domani partiranno e non lo vedrò mai più!» Quelle lacrime che scendevano sulle guance di Daniel, per la madre, erano lo sconforto di un bambino che ha perso il suo amico, ma il vero motivo di quelle lacrime era il frutto del tradimento nei confronti della persona con cui condividi i sogni e le amarezze. Un Amico.

CAPITOLO UNO

Il cielo sopra di lui era limpido e stellato, si potevano vedere tutte le costellazioni, Uriel guardando le stelle quella notte pensava a quanto fosse molto diversa la sua vita attuale da quella precedente, pensava agli sbagli fatti e a quante volte trovatosi davanti agli ostacoli non aveva mai avuto il coraggio di affrontarli. In un cielo così limpido cercava Passione, senza aver nessun buon risultato. "Uriel. Mi cerchi ma non mi trovi? Eppure io sono qui dove mi hai sempre lasciato, forse i tuoi occhi sono traditori davanti alla luce di una stella? Dovresti aver imparato che il mondo non si guarda esclusivamente con gli occhi, che ne dici di farlo con il cuore, forse il risultato potrebbe essere migliore, vuoi raccontarmi qualcosa che turba la tua anima?" "Non mi turba nulla, stavo solo pensando alla mia vecchia vita". "La tua vecchia vita? Quella di cui ti vergogni? Quella in cui non hai avuto mai il coraggio di superare gli ostacoli? Forse stavi pensando che era molto simile a quella di adesso, devi tirare fuori le cose che sporcano il tuo cuore, non devi tenerli dentro, lo renderesti impuro. Tutti sbagliano, non esiste nessuno che non abbia commesso errori, l'importante è non tenerli dentro di noi, vanno lasciati andare, superandoli, a volte sbagliando si perdono cose importanti, ma quelle cose si possono riconquistare ammettendo gli sbagli e tirando fuori la forza per recuperare il danno, il tempo che ci voglia è sconosciuto a tutti, l'unica sicurezza è che se qualcosa pesa nel nostro cuore, va rimossa". Uriel sospirò, raccolse aria nei polmoni e assorbì l'energia del cosmo di cui faceva parte, si sentì sempre più leggero, aveva tanta voglia di agire nel modo consigliato da Passione, raccontò l'esperienza passata da bambino con il suo amico Manuel. "…Ma la cosa che mi fa più male è di non aver mai descritto il cielo notturno a Manuel, vorrei tanto poter cancellare quel giorno e non commettere quell'errore". "Quell'errore ha contribuito a renderti la persona che sei, non te ne devi vergognare a meno che non ti vergogni della tua vita attuale, prova invece a completare l'obiettivo che avevi con il tuo amico, sono sicuro che ne sarai in grado, aspetta l'occasione non cercarla, ogni cosa scritta si presenterà al tuo cospetto ne puoi essere sicuro". Quando la stella smise di parlare, Uriel poteva vederla brillare più splendente di sempre.

CAPITOLO DUE

I cavalieri s'incontrarono al solito posto, Uriel diede l'ordine di portare la parola delle stelle in ogni angolo di Initio, sarebbero dovuti uscire allo scoperto senza timore nei confronti di Eosforo, non avrebbero voluto inutili spargimenti di sangue: ma questa era una eventualità molto difficile, visto che i portatori non avrebbero lasciato il proprio impero così facilmente. Dovevano comunque provare. "Ho incontrato Eosforo, ha provato ad ingannarmi travestendosi da Laima; sono riuscito a smascherarlo e a non cadere nelle sue tentazioni, è stato molto abile ad apparire più credibile di quanto si possa immaginare, dobbiamo tenere sempre gli occhi ben aperti, sono sicuro che proverà con questa tecnica con tutti noi. Ogni uomo ha un punto debole: paure, ostacoli insuperati che fanno male, sarà proprio lì che colpiranno i portatori, portiamo la parola del bene a tutti gli abitanti di Initio, in tutte le città. Ascoltate le parole di Gabriel che guiderà quest'azione. Adesso andate, guidate tutti verso il bene, illustrate a tutti quanto ogni persona che utilizzi i metodi di Eosforo sia suo complice e quanto stia sporcando la sua anima che non salirà mai verso le stelle". I cavalieri iniziarono a portare la parola delle stelle in tutto il paese, le persone erano attratte da quel che dicevano, ma ancora troppi non riuscivano a sfuggire alle tentazioni messegli davanti da quel sistema marcio e diabolico; comunque erano sempre più i seguaci dei cavalieri. Uriel, decise di tornare con Erasm a Valgon. Gli abitanti conoscevano tutti Erasm come un uomo ricco e crudele, senza sentimenti, ma l'amore nei confronti del figlio, mai conosciuto e ora ritrovato gli aveva dato la possibilità di togliere quel velo nero dalla sua anima. Non è mai tardi per pentirsi e ricominciare facendo delle esperienze un tesoro immenso. Questo messaggio doveva essere portato davanti a tutti, dovevano ora conoscere Erasm con il nuovo volto, con il nuovo sguardo, con quel sorriso tornato sulle labbra dell'uomo un tempo così scuro d'animo, non c'era niente di meglio che portare questo messaggio a quelle persone che non ritenevano possibile che un uomo potesse cambiare e beneficiare della serenità, la quale può portare il bene all'interno del cuore e dell'anima. Andarono a parlare con tutti i pescatori che erano stati sfruttati da Erasm che inizialmente non riuscivano a fidarsi di quelle parole, ma gradualmente, uno ad uno, iniziarono a capire la diversità di quel volto nuovo. Erasm riconsegnò le ricchezze accumulate sfruttando il prossimo, e finalmente si sentiva veramente ricco, ricco di un sentimento positivo nei confronti di sé stesso. "Padre, quello che state facendo è nobile. Gli sbagli fatti nella vita non sono indelebili nell'anima, possono essere cancellati con azioni importanti, e ogni azione si ripropone agli occhi di tutti coloro che hanno assistito al questo gesto, dobbiamo quindi salvare le anime di tutte le persone che si sono macchiate di rancori nei confronti di quell'uomo che oramai non esiste più". Erasm era fiero di suo figlio; portò la sua esperienza dentro ogni casa di Valgon. Uomini e donne si convincevano sempre di più che si potesse cambiare veramente, e diventavano sempre più numerosi i seguaci che portavano le stesse parole e le esperienze del bene, è la prova di quanto potesse dare serenità allo spirito comportarsi in modo limpido; portavano in giro per il paese tutte quelle belle esperienze, le persone stavano cambiando, ogni persona cui era arrivato il messaggio iniziava a rispettare di più il prossimo. Nelle città d'Initio stavano tornado i valori morali di un tempo. I cavalieri stavano facendo un buon lavoro, ma questo a Eosforo non piaceva e sarebbe sicuramente passato subito all'attacco in maniera forte. Quando tornarono a Tatlon, Uriel e Erasm raccontarono del grande risultato raggiunto a Valgon, anche i cavalieri nelle altre città avevano raggiunto buoni risultati, si scambiarono le esperienze, fecero una festa per rendere onore a queste vittorie, con gioia, con amore e con tanto divertimento per tutti coloro che contribuivano al buon fine della missione. Quella sera Uriel e Laima si trovarono a ballare insieme e a guardarsi dentro gli occhi con una luce diversa. "Uriel da quando sei arrivato qui hai dato tanto a queste terre, hai portato la speranza di un cambiamento annunciato dagli antichi scritti. In realtà non sono state le tue azioni a portare il cambiamento, ma il tuo credere, ha fatto in modo che anche tutti gli abitanti tornassero a sapere di poter costruire qualcosa di buono, qualcosa che li potesse far sentire nuovamente fieri di loro stessi; le tue parole e la tua sicurezza sono stati determinanti, ma questi valori tornati, non sono ancora una vera vittoria. Eosforo sferrerà un attacco e non sarà lieve, farà tornare la sofferenza se non verrà cacciato definitivamente. Questo è il tuo vero incarico, trova il modo per farlo ti prego, mi fido di te". Andarono sulla terrazza a guardare le stelle, sognavano insieme un futuro migliore e ammiravano quanto fosse bello il cielo quella notte. Si strinsero in un abbraccio e guardandosi negli occhi fecero sfiorare le loro anime l'una all'altra. Il giorno dopo, i cavalieri continuarono a portare il loro messaggio in tutte le case del paese. Uriel mandò Gabriel insieme a Erasm, lui e Mikael rimasero a Tatlon per pianificare l'azione per scacciare Eosforo definitivamente."Uriel, Eosforo è un osso duro, non sarà facile arrivare all'obiettivo, il nostro compito è quello di far tornare la moralità in queste terre, finora abbiamo fatto un buon lavoro ma i portatori ancora non hanno fatto una contromossa e puoi giurare che arriverà a momenti, la nostra difesa non dovrà comportare spargimenti di sangue, altrimenti il popolo leggerà l'azione come un messaggio sanguinario e avremmo cacciato un tiranno per coronarne un altro".Uriel capiva quello che diceva Mikael, ma non riusciva a immaginare come avrebbero potuto confinare Eosforo senza forza. Decise di fare ancora una cavalcata fino al deserto, doveva conferire ancora una volta con le stelle, doveva vedere e parlare con Passione, ne aveva bisogno: il cielo racconta la via, ti puoi fidare di lui, perché quando parli con il cielo parli con la tua anima che ne fa parte, sei fatto della stessa materia delle stelle, e da questo nessun uomo sfugge. Cavalcò fino ad arrivare dove il firmamento lo stava aspettando, in una notte senza Luna, Passione brillava di una luce unica e questo riempiva di sicurezza il cavaliere. "Mia stella, questa volta un grande dubbio mi assale, abbiamo percorso il sentiero nella direzione in cui mi hai guidato, abbiamo avuto un buon risultato ma come possiamo scacciare definitivamente Eosforo senza usare la forza?" "Uriel, Eosforo non starà a guardare il vostro cammino, vi attaccherà questo già lo sapete, farà in modo di ferirti personalmente, tu dovrai affrontarlo guardandolo negli occhi e saprai come agire solo in quel momento". Quando tornò a Tatlon, due cavalieri gli andarono subito incontro: avvertì subito un segnale negativo, il suo cavallo era nervoso nitriva e agitava le zampe anteriori. Mentre scendeva dalla sella i cavalieri iniziarono a raccontare cosa fosse successo in quella giornata.

CAPITOLO TRE

Un gruppo di pescatori si recò a Tatlon; gli uomini cercavano Erasm, volevano ascoltare le parole di quel ricco pescatore che non molto prima aveva sfruttato la maggior parte dei poveri pescatori della sua città, volevano collaborare con chi si stava ribellando a quel sistema così infame. Quando seppero che Erasm faceva parte dei ribelli e aveva distribuito delle risorse economiche ai poveri pescatori decisero di incontrarlo per vederci chiaro. Sapevano dove trovarlo ma prima fecero un giro per la città per farsi descrivere quell'uomo che ora si dichiarava cambiato; tutte le persone che conoscevano Erasm, nella sua nuova città, ne parlavano bene, nessuno aveva parlato di un uomo maligno, ma tutti l'avevano descritto come una persona cordiale, di cui ci si poteva fidare. Quegli uomini erano sbalorditi e iniziavano veramente a credere che questa volta i cavalieri stavano agendo contro i portatori in un modo efficace. "Erasm siamo giunti qui dopo che abbiamo saputo delle tue azioni. Sappiamo che ti sei unito ai cavalieri della fenice per combattere contro Eosforo, non credevamo in noi quando ci hanno parlato delle tue azioni, siamo arrivati qui da voi per portarvi la richiesta di seguirci nella valle appena fuori dalla nostra città. Lì c'è un gruppo di uomini pronti a schierarsi contro i portatori di luce, nessuno vuole più vedere regnare Eosforo in queste terre; egli deve essere cacciato e siamo consapevoli che bisogna unire le forze per far questo". Erasm guardò gli uomini arrivati davanti a lui. Non troppo tempo prima lo guardavano con disprezzo, invece ora erano lì pronti a combattere al suo fianco, era stato tutto merito di Uriel e di questo lui ne era pienamente consapevole. "La vostra presenza mi rende fiero, questa nostra guerra non verrà combattuta con le armi ma con il dialogo.

Dovete sposare i nostri metodi, stiamo portando la parola delle stelle dentro ogni casa di Initio, non vogliamo sangue così come è giusto che sia, ci dobbiamo ribellare a un tiranno esclusivamente comportandosi con grande moralità". "Noi siamo pronti a fare quello che ci ordinate, ora se ci seguirai e parlerai con gli altri uomini nella valle potrai usufruire di altre risorse umane. Le nostre donne lavorano come schiave per accontentare i seguaci di Eosforo, i nostri bambini ci sono stati strappati dalle braccia per farli crescere all'ombra del male e questo non è più tollerabile. Dobbiamo fare qualcosa, non c'è troppo tempo da perdere!" Erasm sapeva che non avrebbe dovuto prendere decisioni affrettate soprattutto senza essersi confrontato con Uriel o con Mikael, ma quegli uomini avevano bisogno del loro aiuto, e i cavalieri, avevano bisogno di uomini per portare la parola delle stelle. Così li seguì alla valle insieme ai pochi cavalieri che erano con lui. Quando arrivarono trovarono un clima freddo, gli alberi erano spogli di foglie e nel cielo volavano diversi corvi che con il loro gracchiare non donavano una buona impressione del luogo. Trovarono uomini con un fuoco acceso, mangiavano carne cotta su una grande brace e bevevano vino a volontà. Erasm non fu felice di trovare quella situazione, ma oramai erano arrivati e non poteva tornare indietro. "Erasm cos'hai? Vedo che i tuoi occhi sono cambiati, pensavi forse di trovare degli uomini tristi e sconsolati? Invece no Erasm, volevamo solo che ti unissi a noi come ai bei vecchi tempi, fate arrivare delle belle donne per i nostri carissimi amici!" Erasm capì subito che non c'era niente di buono in quel posto, guardò i cavalieri che l'avevano seguito, avevano la faccia rammaricata anche loro. "Non sono più l'uomo di una volta queste cose oramai non fanno per me, avevate detto che vi sareste uniti a noi per combattere Eosforo invece vi trovo qui a bivaccare tra vino e prostitute, che significa questo?". Eosforo si fece largo in mezzo agli uomini. "Significa che la vita è fatta per divertirsi caro mio, ti sei unito a quei cavalieri ma la tua vera natura è stare in mezzo a noi; quello che chiami figlio ha solo tanti rancori nei tuoi confronti, non penserai veramente che ti stimi? Vieni, e tutto questo sarà anche a tua disposizione". "Eosforo oramai sta per giungere la tua fine non lo capisci? Io non mi unirò mai a voi ho ritrovato la pace con me stesso, e non saranno le tue vili tentazioni a corrompermi, hai i giorni contati". "Veramente pensi questo? Io sono l'uomo più potente di queste terre e nessuno mi potrà mai cacciare. Dovete capire che in questo mondo non esiste nulla oltre al vostro padrone!" Eosforo si avvicinò ai cavalieri e li fece legare tutti tranne Erasm e il cavaliere più esile: Erasm sapeva che era caduto in quella imboscata perché era stato troppo presuntuoso, non aveva valutato il male, e dove sarebbe potuto arrivare aveva condotto a Eosforo anche gli altri cavalieri. "Vi ucciderò tutti Erasm, pensavo fossi più intelligente, eppure già una volta sei riuscito a tradire i tuoi compagni, ricordi? Quel tradimento ti ha portato qui a Initio ed è stata proprio Initio ha renderti ricco, ora hai voluto cambiare le tue carte e prendere quelle di un perdente, sei ancora in tempo unisciti a noi!" Erasm guardò Eosforo fisso in volto, ora che aveva trovato la pace interiore, non avrebbe macchiato di nuovo la sua anima per la paura di morire e fece un sorriso sarcastico. "Eosforo, tu pensi di avere il potere ma non ti rendi conto che sei già condannato, non puoi nulla contro il bene, tantomeno contro i cavalieri della fenice". Eosforo posò la mano destra sul petto di ognuno dei cavalieri legati, e mentre Erasm lo guardava con disprezzo strappò l'anima dal cuore dei guerrieri. Provò un senso di potere che gli attraversò tutto il corpo compiendo quel gesto; godeva nel vedere persone impotenti davanti a sé, si rivolse all'esile cavaliere che aveva lasciato in vita con superiorità. "Torna da Uriel e digli che quella nullità di suo padre verrà giustiziato in pubblica piazza, se non se ne tornerà da dove è venuto, e di a Mikael che non mi sconfiggerà mai!". Quando il cavaliere fu pronto ad andarsene Erasm gli disse: "Dì a mio figlio che ora che l'ho conosciuto non ho nessuna paura di morire, so che il mio sangue cammina fiero nelle vene di un uomo nobile e puro". Lo portarono via con le mani e i piedi legati, ma l'uomo non si sarebbe mai potuto sentire più legato di quando era un ricco pescatore solo e con il cuore impuro, ora sarebbe stato libero dal male oltre la morte.

CAPITOLO QUATTRO

Uriel, dopo essere venuto a conoscenza dei fatti che avevano coinvolto il padre, sentì un vuoto immenso, adesso che l'aveva ritrovato rischiava di perderlo ancora, ma in effetti quell'uomo chi era per lui? Un estraneo incontrato in un luogo così lontano dalla sua vita, era stato catapultato in quelle terre senza sapere come e perché, ma ora aveva un incarico così importante e profondo, molti uomini e donne credevano e speravano in lui, perché stava passando tutto questo? I forti dubbi invadevano la sua testa, le incertezze, le insicurezze riaffioravano nella sua mente: forse era meglio gettare la spugna come avrebbe fatto tempo prima, che significato aveva rimanere ad affrontare quelle difficoltà? In fondo sapeva che, nella sua vita, era passato dall'anonimato più totale ad essere protagonista di sé stesso, e per tutte quelle persone che contavano su di lui. I suoi pensieri arrivarono a quando era bambino, quando per via delle vicende che non erano andate per la "normalità" le sue insicurezze e paure avevano conquistato la sua anima; la più grande paura che aveva avuto nella vita era sempre stata proprio quella di non essere in grado di superarle. Il continuo aggirarle per convincersi che si possa vivere senza affrontare i problemi l'aveva condotto a una vita di sofferenza, i futili problemi iniziali si erano addizionati ben presto tra loro, dando una somma ben più alta, ma ora aveva la possibilità di essere tutt'altra persona, stava facendo i conti con una nuova personalità, quella personalità che aveva sempre voluto avere. Non avrebbe potuto mollare ora, altrimenti sarebbe tornato tra le ombre di sempre e questo non lo voleva affatto. Ma per superare i problemi ci vuole il coraggio di poterli guardare dentro gli occhi, in questo contesto sapeva bene quante cose avesse imparato in quel poco tempo che sembrava lunghissimo, aveva imparato a vedere le cose con un occhio più onesto, meno superficiale, un occhio che guardava oltre le barriere messe dalla percezione umana, aveva imparato a parlare con le stelle. Aveva imparato ad ascoltarle e a prendere consigli dagl'astri, che puntualmente facevano in modo di aprire la sua coscienza, la sua anima, la sua sapienza. Grazie a loro riusciva a fare luce e chiarezza sui propri dubbi. Finalmente riusciva a leggere la verità da sempre scritta dentro di lui, ma di cui prima, non riusciva a trovare la giusta chiave di lettura. Adesso non doveva tornare al cospetto di Passione per sapere quale fosse la via, ora Passione era in lui. Sapeva benissimo quale fosse la giusta decisione da prendere, ora non era più il ragazzo timido e pauroso di un tempo, incontrò i suoi uomini più vicini per metterli al corrente della decisione presa. "Cavalieri, mi sono trovato a Initio per puro caso, o forse Initio mi stava semplicemente aspettando da tempo, il lavoro fatto da tutti voi sta procedendo nel migliore dei modi, la gente sta imparando ad ascoltare il cuore e cade sempre di meno nelle tentazioni, ma questo non può essere il modo definitivo per sconfiggere il male. Potremmo convertire anche tutti gli abitanti ma, quando penseremo di avere la vittoria in pugno e abbasseremo la guardia, i portatori passerebbero di nuovo all'azione; non si può vivere sotto la mira del nemico: o lo si sconfigge con le maniere forti o continuerà a minacciarci fino a quando avrà aria nei polmoni. A Initio ho conosciuto mio padre, in queste terre ho imparato ad ascoltare me stesso, ho imparato a parlare con la mia anima che ha sempre provato a guidarmi. Sono sempre stato troppo distratto per ascoltarla, oggi posso dire che Initio ha fatto di me un uomo, gliene sono riconoscente come lo sono a tutti voi che mi avete dato la possibilità di superare le mie paure, oggi posso dirvi che qualsiasi cosa succeda la mia anima è salva.

Avete contribuito tutti voi a questo mio successo. Oggi ho deciso di affrontare personalmente Eosforo, andrò da lui, lo guarderò negli occhi e sono sicuro che troverò il giusto modo per mettere la parola fine a questo sistema ipocrita, scenderò di nuovo a Tatlon con la vittoria in pugno o non la vedrò mai più. Vi confesso che voglio rivedere mia madre, è troppo tempo che sono lontano da lei, mi piacerebbe farlo riportando con me mio padre, ma questo è solo quello che vuole la mia singola mente, la mia anima vuole rendere libere queste terre, perché queste terre hanno reso libero me, questa sarà l'ultima cosa che faccio, questo è quello che farà l'uovo di fenice venuto da lontano per salvare Initio come è scritto negli antichi testi". Tutti i cavalieri si guardarono tra loro, sapevano che le parole spese dall'uovo di fenice erano state pronunciate con il cuore, con l'anima aperta. Ora sapevano che Initio non sarebbe mai stata più la stessa. Le opportunità erano due, la vittoria o la sconfitta, il sole sarebbe tornato a splendere limpido o le tenebre avrebbero avvolto quelle terre un tempo felici. Uno ad uno andarono incontro a Uriel e lo strinsero nel saluto del guerriero, erano fieri di lui, e lui voleva contraccambiare tutta quella fiducia data. Non era più la stessa persona e questo era merito di tutti coloro che aveva conosciuto in quella città di cui non aveva mai sentito pronunciare il nome. Quella città che era sempre stata dentro di lui ma che non aveva mai avuto il coraggio di visitare. Nella vecchia vita quella città non era poi così lontana: non tutti riescono a vederla, e ora il guerriero era al suo posto, tra i guerrieri. Mikael arrivò davanti a Uriel per ultimo, aprì le sue braccia e lo strinse, sapeva che la sua anima lo stava guidando verso la giusta via. "Uriel il tuo cuore e la tua anima ti hanno consigliato nel migliore dei modi; dirti che sono fiero di te è riduttivo, ti sei preso la briga di compiere quello che in pochi avrebbero fatto, questo è quello che rende una persona diversa dagli altri, sono sicuro che affronterai questo passo nel giusto modo. Quando sarai davanti a lui devi tenere il tuo cuore puro, ricordati di guardarlo nel modo più profondo che hai imparato, non cedere, non tentennare, o sarai inghiottito dalla sua energia negativa che non dà scampo. La tua determinazione farà la differenza, la tua moralità, la tua modestia, devono essere la guida di tutte le virtù che ti seguiranno fin davanti a lui; non puoi sbagliare, troppe persone credono in te, ma soprattutto devi alimentare la tua anima esclusivamente con energia pura, in bocca al lupo mio condottiero!". Uriel prima di andare ad affrontare Eosforo volle vedere Laima. La sacerdotessa era la persona che da sempre custodiva gli antichi scritti e sicuramente avrebbe potuto dargli qualche buon consiglio, o forse quella voglia di vederla era solo dettata dal suo cuore, per la prima volta non aveva la paura di affrontare il volto di una donna che non fosse sua madre. "Laima, in queste terre ho avuto la possibilità di conoscere meglio me stesso, sono riuscito ad imparare a guardare il mondo con un occhio più profondo di come l'avevo sempre visto, ho paura di trovarmi davanti Eosforo ma sono sicuro che sia l'unica via per affrontare questo problema. Tu hai sempre custodito i sacri libri, sai se tornerò con la vittoria?" "Uriel, quello che sei è qualcosa di speciale, ma lo sei sempre stato non lo sei divenuto: la verità la scrive solamente la tua anima. Non so se tu tornerai vincente questo lo sa solamente il tuo cuore e non potrà rivelarcelo ora, sono convinta che tornerai da me perché lo leggo dentro di te e so che non vorresti deludermi mai". I due si strinsero in un lungo abbraccio, si sfiorarono le labbra, le loro anime produssero una mescola di energie lucenti, illuminarono il cielo in quella notte piena di stelle, sembrava che gli astri applaudissero a quelle due persone che oramai avevano avuto il beneficio d'incontrarsi. Uriel ora si sentiva veramente completo, sapeva che aveva inserito un tassello importante nella sua personalità. Ora, era pronto ad affrontare Eosforo, che già sapeva del suo arrivo.

"Quando il figlio dell'uomo verrà nella sua gloria, e tutti gli angeli con lui, siederà sul trono della sua gloria. Davanti a lui verranno radunati tutti i popoli. Egli separerà gli uni dagli altri, come il pastore separerà le pecore dalle capre, e porrà le pecore alla sua destra e le capre alla sinistra. Allora il re dirà a quelli alla sua destra: "venite benedetti dal padre mio, riceverete in eredità il regno preparato per voi fin dalla creazione del mondo, perché ho avuto fame e mi avete dato da mangiare, ho avuto sete e mi avete dato da bere, ero straniero e mi avete accolto, nudo e mi avete vestito, malato e mi avete visitato, ero in carcere e siete venuti a trovarmi". Allora i giusti gli risponderanno: "Signore, quando ti abbiamo visto affamato e ti abbiamo dato da mangiare, o assetato e ti abbiamo dato da bere? Quando mai ti abbiamo visto straniero e ti abbiamo accolto, o nudo e ti abbiamo vestito? Quando mai ti abbiamo visto malato o in carcere e siamo venuti a visitarti?". E il re risponderà loro: "in verità io vi dico: tutto quello che avete fatto a uno solo di questi miei fratelli più piccoli, l'avete fatto a me". Poi dirà anche a quelli che sono alla sinistra: Via, lontano da me, maledetti, nel fuoco eterno, preparato per il diavolo e per i suoi angeli, perché ho avuto fame e non mi avete dato da mangiare, ho avuto sete e non mi avete dato da bere, ero straniero e non mi avete accolto, nudo e non mi avete vestito, malato e in carcere e non mi avete visitato". Anch'essi allora risponderanno: "Signore, quando ti abbiamo visto affamato o assetato o straniero o nudo o malato o in carcere, e non ti abbiamo servito?". Allora egli risponderà loro: "In verità io vi dico: tutto quello che non avete fatto a uno solo di questi più piccoli, non l'avete fatto a me". E se ne andranno: questi al supplizio eterno, i giusti invece alla vita eterna". (MATTEO 25:31,46)

CAPITOLO CINQUE

L'alba di quel giorno preparava i confini di Initio ad essere recinto di qualcosa che sarebbe andato oltre a una battaglia, i portatori iniziarono a preparare Erasm per giustiziarlo davanti a tutti gli abitanti che avrebbero dovuto prenderlo come esempio, per non commettere errori, nessuno doveva disubbidire a Eosforo. Scesero nelle celle dove era rinchiuso: Eosforo aveva dato ordine di portarlo prima davanti a lui, voleva parlarci, aveva bisogno di macchiargli l'anima e condannarlo a un'eternità fatta di odio e sofferenza. In quello stesso istante Uriel già stava cavalcando al galoppo il suo purosangue per incontrare l'artefice di tutta quell'immoralità che dominava quelle terre. Nel percorso pensava alla sua anima, la sentiva pura, non si era mai sentito parte così importante di quel cosmo che era tutto attorno a lui. Era fiero della decisione che aveva preso, non aveva più paura di non rivedere la mamma che sicuramente lo aspettava disperata, ora sapeva che la sua vita aveva un senso, e voleva portare a termine quel che doveva. Era ancora ignaro di come avrebbe affrontato Eosforo, ma molto fiducioso, i consigli e gli insegnamenti che aveva appreso, erano un tesoro prezioso e la sua anima l'avrebbe guidato per liberare quel popolo dal male. Erasm non aveva mai visto Eosforo nelle sue reali fattezze, aveva spesso sentito parlare di lui, ma non aveva mai avuto modo d'incontrarlo, prima di essere catturato. Quando ancora sfruttava i pescatori era troppo preso da i suoi affari o dai suoi divertimenti per partecipare agli eventi dove Eosforo faceva lunghi discorsi, per catturare le anime di tutte quelle persone corruttibili davanti a terrene tentazioni. La sua anima non aveva bisogno di essere catturata, era già parecchio macchiata dalle sue azioni impure. Quella mattina invece lo vide davanti a lui pieno della sua bellezza con un lungo mantello nero e i suoi capelli biondi, ma aveva gli occhi vitrei, sembrava come se fossero spenti e senza profondità, immobili, spaventosi e nonostante la sua bellezza in pochi avevano il coraggio di guardarlo dritto in volto. "Erasm, Erasm perché ti sei schierato con quelle nullità? Non ti trovavi bene con tutte le ricchezze che ti eri procurato? Con tutto quel che ho creato in questo mondo? Volevi altro? Eppure tutte queste debolezze e tutte le cose inutili che ti giravano attorno le avevi giustamente abbandonate, ora cosa ti prende?" "Ne abbiamo già parlato nella valle, quando mi hai catturato, potevo essere anche coperto d'oro, ma quando ho conosciuto mio figlio, lui mi ha dato la voglia di tornare in ad una vita fatta di realtà e non di menzogna" "Tuo figlio? Parli di quel ragazzo che hai abbandonato al suo destino, che ha covato tutto l'odio possibile nei tuoi confronti?" "Mio figlio, quello che ho fortunatamente rincontrato e che non lascerò più. Ora ho ritrovato il coraggio di un tempo e affronterò la morte con il sorriso dell'amore sulle labbra, non puoi far nulla per macchiare di nuovo la mia anima!" "Ahahah, pensi che qualcuno possa sconfiggere il principe di queste terre? Ucciderò tuo figlio davanti a te, donandogli tutta la sofferenza che merita e quando consumerà l'ultimo respiro davanti ai tuoi occhi la tua anima sarà di nuovo mia e la sua macchiata dell'odio nei tuoi confronti è già condannata!" Eosforo fece legare Erasm nella piazza più grande della città, su di un palco a cui avrebbero dato fuoco, e avrebbero fatto bruciare vivo il condannato davanti a tutti, ma prima voleva uccidere Uriel davanti gli occhi del padre. Sapeva che già era sulla strada che l'avrebbe portato al suo cospetto, fremeva per togliersi quella soddisfazione, l'odio percorreva le sue vene e quella dimostrazione non solo avrebbe riportato tutto sotto controllo ma avrebbe rafforzato tutto quello che, con i suoi seguaci aveva conquistato da quando regnava su quelle terre. Uriel pieno della fiducia in sé stesso e nel bene, percorse tutta la strada che lo divideva da Eosforo, la sua umiltà colmava la paura, sapeva che avrebbe potuto essere sconfitto, ma questo non gli metteva timore, sapeva che la sua anima era alla ricerca del bene e non poteva essere macchiata, ma quando arrivò davanti alla piazza le sensazioni che aveva dentro, iniziarono a barcollare. L'odio camminava liberamente in quel luogo, la gente acclamava alla vista del condannato e tutti volevano vedere l'orrore della morte dopo tanta sofferenza. Nessuno chiedeva pietà, ma in cosa si era tramutato quel mondo? Valeva la pena salvarlo? Valeva la pena mettere a disposizione la vita per quelle persone che provavano solo sentimenti terribili? In quel momento gli venne in mente quando la domenica mattina si recava alla messa con la madre; ogni volta incontrava molte persone che appena fuori dalla chiesa usavano tutto tranne la parola che avevano appena ascoltato, la parola del signore, la parola di Dio. Quel Dio fatto uomo e che aveva donato la vita, morto su di una croce per salvare quelle stesse persone che l'avevano inchiodato, ma chi era ricordato? L'inchiodato o l'inchiodatore? Chi era il bene? Quale il male? Su questo Uriel non aveva dubbi, si fece largo tra la folla e pieno di sé, ma senza odio, senza rancore; se in quel momento che stava vivendo, si fosse fatto intrappolare dall'odio, dalla sua arroganza, dall'intolleranza per quelle persone, sarebbe stato solamente un altro spettatore di qualche atroce azione. Aveva poco tempo, doveva affrontare Eosforo e dare la prova a tutti gli spettatori che il bene vince sul male. Arrivò nei pressi del patibolo, la gente lo guardava con aria sospetta; i seguaci di Eosforo sghignazzavano, sapevano cosa sarebbe successo a quel ragazzo che era caduto pienamente nella trappola tesagli. "Eosforo! Eosforo!" Gridò ad

alta voce "Vieni sono arrivato, so che mi stavi aspettando!".
Queste sue parole, pronunciate con tutta la sicurezza che aveva
in cuor suo, posero un silenzio condizionato sulla piazza, solo
qualche mormorio e poi tutti zitti davanti a quella scena. "Uriel
ti stavo aspettando, sei venuto a salvare tuo padre? L'uomo che
ti ha abbandonato quando ne avevi bisogno per unirsi al mio
creato? Sei proprio una semplice creatura, non sei niente davanti
alla mia potenza, inginocchiati davanti a me e avrai la mia
clemenza, ti ucciderò senza farti soffrire". Quando Uriel vide
Eosforo non gli fece la stessa impressione di quando l'aveva
incontrato nelle sembianze di Laima nel bosco, questa volta ebbe
una sensazione familiare, sembrava come se l'avesse già
conosciuto, in lui c'era qualcosa che la prima volta non aveva
visto con occhio attento, lo guardava in volto mentre si
avvicinava a lui, la sua bellezza era incantevole, ma quegli occhi
spenti, insensibili alla luce lo rendevano disumano, avrebbe
messo paura a chiunque. "Vedi Eosforo pensi di sapere tutto,
non sono venuto a salvare mio padre, sono venuto a salvare te e
tutti i tuoi seguaci, la gente che ti acclama non può capire
veramente chi sei, ingannatore e essere indegno!". Eosforo
cambiò volto, la faccia diventò quella del terrore, dell'odio: nel
suo viso si vedeva la guerra, la sofferenza, le grida delle anime
che aveva catturato, ma per Uriel quegli occhi oramai non
avevano più segreti, aveva le stelle dentro di lui, il suo cuore era
complice di ogni sua azione. L'essere cosciente che ogni azione
riecheggia in lui e nell'universo gli donava una enorme forza
interiore. Quel cosmo che mette a disposizione qualsiasi tipo di
energia che serve a tutti noi, bene o male, ogni uomo è
consapevole che può liberamente decidere da quale fonte potrà
alimentarsi e lui di quale aveva bisogno, lo sapeva con certezza,
ne era carico e non avrebbe mai dato spazio al male. La folla

iniziò a stringersi a sé, molte persone avevano paura, altre stavano godendo perché consapevoli che uno scontro epico si stava per consumare, le urla del principe di Initio misero tutti in ginocchio, tranne Uriel e i suoi compagni che lui riconobbe tra la folla, Uriel mise la mano destra sul manico della spada pronto a farne uso. "Che nessuno abbia paura e s'inginocchi davanti questo essere spregevole che oggi tornerà dove è giusto che dimori". Una risata diabolica si sprigionò dall'ugola di Eosforo, che con un gesto veloce puntò il dito verso il palco dandolo alle fiamme. Erasm implorò Uriel di combattere e a non aver paura per lui, che ormai era un'anima salva. Mikael fiero di Uriel si elevò e creò un vortice potentissimo che teneva a bada le fiamme; subito Raffaele guarì le ustioni che avevano leso Erasm, l'aria cambiò immediatamente le urla della folla, anche i seguaci di Eosforo iniziarono a farsi avanti per non dare spazio a nessuno. Uriel sguainò la spada: "In nome delle stelle oggi finiranno i tuoi soprusi su questa gente, il tuo tempo è finito!". Puntò la spada al cielo, un raggio più potente del sole squarciò le nuvole nere che erano sopra le loro teste, le stelle s'affacciarono di giorno acclamando il cavaliere che era tornato fra i guerrieri: tutti i presenti dovettero mettersi le mani davanti agli occhi accecati, Eosforo rimase in piedi, ridendo, mentre tra il vento infernale aprì le braccia e il suo mantello svolazzava impavido. Nessuno vedeva luce nei suoi occhi. "Daniel non rubi più campanelle d'oro ora? Pensi che un ladro come te può salvare il mondo da chi l'ha reso perfetto?" "Manuel potresti ingannare tutti facendo pensare che sono stato io a farti diventare Eosforo, ma sai benissimo che sei un'anima dannata, che hai messo la tentazione davanti i miei occhi, io ho sbagliato e mi sono pentito, tu all'insegna di quel gesto hai covato tutto l'odio che risiedeva dentro di te, condannando la tua anima e quella dei tuoi seguaci". Uriel quando aveva guardato gli occhi di Eosforo aveva capito subito chi fosse, e oggi poteva permettersi di fare la cosa giusta, quella che doveva fare da tempo, quella che prima avrebbe fatto nel modo più banale che si può, ma oggi il mondo, la vita, il bene e il male gli apparivano in modo chiaro, aveva una vista profonda e non la mescolava alle parole che tentavano di offuscarla. "Oggi ti descriverò la bellezza del cielo Eosforo, e tu t'inginocchierai alle stelle" Uriel era a conoscenza della potenza dell'amore di una madre, in quel momento dal cuore gli vennero le parole che la mamma gli aveva insegnato quando era piccolissimo, quelle parole che ripeteva insieme a tutti i fedeli, le parole che gli donavano sicurezza in lui stesso con la loro sincerità, autorevolezza e amore, quelle parole insegnate da chi aveva dato la vita terrena per salvare i propri figli. Mentre con la spada tracciava una croce pronunciava le parole di Dio:

«In nomine Patris et Filii et spiritus sancti: Pater Noster qui es in caelis: sanctificètur Nomen Tuum; fiat volùntas Tua, sicut in caelo, et in terra. Panem nostrum cotidianum da nobis hòdie; et dimette nobis dèbita nostra, sicut et nos dimìttimus debitòribus nostris; et ne nos indùcas in tentatiònem; sed lìbera nos a malo. Amen».

Eosforo iniziò a emanare grida di dolore, le urla si portavano via le macchie di tanti dei presenti, mentre tanti iniziarono a gridare insieme a lui, "Questa è la bellezza del cielo, Manuel, tu come tutti noi sei figlio delle stelle, figlio di Dio, che aveva cura di te, ma tu l'hai rinnegato credendoti migliore. Questa è la sua potenza, questo è il suo splendore, questa è la salvezza per i suoi figli!" La luce della spada diventò ancora più sfolgorante e la mano con cui la teneva dritta al cielo iniziava a tremare, un senso potente di un amore infinito catturò il cuore dei presenti fino a quando il raggio di luce implose portando via tutti i rumori di Initio e tutti i presenti caddero a terra.

TERZA PARTE

Quando Uriel aprì gli occhi trovò Laima davanti a sé: i suoi grandi occhi lo guardavano con commozione e fierezza. Era bella, il suo cuore batteva limpido dentro il suo petto, alimentando la sua anima solamente con energia pura, il guerriero era ancora scosso ma sapeva benissimo cosa fosse successo, intorno a loro regnavano il silenzio e la pace. Tutti i presenti avevano perso i sensi dopo l'implosione, la città era scossa, molti stavano tornando in piedi ma la maggior parte era rimasta senza sensi come Eosforo e i suoi compagni. L'implosione aveva avuto una reazione forte su tutte le persone con l'anima fortemente impura, tutte quelle persone che erano state complici del principe e che pur davanti alla potenza positiva del bene erano ancora dalla sua parte, rimasero in terra in un sonno profondo. Quando Uriel si alzò, vide Mikael che insieme agli altri cavalieri della fenice che stava legando con delle catene Eosforo e i suoi uomini: erano pericolosi e sarebbero tornati a far da padroni in quelle terre se non tenuti a bada nel migliore dei modi; Uriel si guardò poi attorno, vide le tantissime persone che sembravano dormire, purtroppo quel paese era colmo di persone con l'anima impura, si diresse verso Mikael. "Che ne sarà di tutte queste persone?" "Verranno portate sull'isola dove ci siamo incontrati quando sei arrivato a Initio, dovranno procedere con un percorso di purificazione, non sarà facile, in tanti non torneranno più" "E di Eosforo che ne faremo?" "Insieme a tutti i suoi uomini verrà rinchiuso nella grotta più buia di Initio, non dovrà più mettere piede in superficie, anche se non sarà un incarico facile, Eosforo è molto abile nel farsi amici da ingannare; potrebbe riuscire a scappare, quindi sarà rinchiuso nella grotta segreta e lo custodiranno solo persone di grande fiducia e con l'anima capace di compiere questo compito". Initio finalmente era stata liberata da Eosforo, come gli antichi scritti recitavano, ma il compito di renderla di nuovo splendente era di ogni abitante, i colori delle città erano nuovamente brillanti. I bambini ricominciarono a giocare felici, il denaro e il potere non erano più il principale interesse di quel posto, la saggezza degli uomini riprese il proprio valore, la fratellanza e la cultura del bene ebbero di nuovo un incarico importante per la gente che tornava a sognare un mondo sereno; ora Uriel voleva tornare a casa ma dopo tutto quel tempo e soprattutto dopo quelle esperienze non era facile andare via da Initio, non era facile soprattutto perché lì aveva conosciuto se stesso e Laima che oramai occupava un posto importante nel suo cuore. I cavalieri si riunirono nel palazzo che era stato di Eosforo, il più alto e il più bello di tutta la contea, non vi era più la sala del trono, ma in quella sala si trovava la tavola a forma di brillante che nei tempi della resistenza era nello scantinato della taverna. A quel tavolo sedevano i cavalieri più saggi, che nel modo più puro governarono Initio. Laima continuava il suo compito nel custodire i sacri scritti, che dopo questo evento furono integrati con delle pergamene che raccontavano l'episodio. Marcandola con il sigillo dell'ordine della fenice come simbolo di gratitudine nei confronti di Uriel, incisero su una medaglia a forma di pergamena d'oro la preghiera insegnata dal signore ai suoi figli e fecero una grande festa nella piazza sottostante il palazzo, in suo onore. Finalmente la gente ora era felice, le famiglie erano unite, i padri e le madri si amavano come amavano il frutto del loro amore, i figli. Laima consegnò ad Uriel la medaglia, in segno di gratitudine da parte di tutti, sul balcone della sala della tavola che affacciava proprio sulla piazza gremita di gente. I drappi dell'ordine erano appesi su tutte le finestre della facciata del palazzo "Uriel, in segno di gratitudine il popolo di Initio ha voluto donarti questo modesto ricordo". Mise la catenina con la medaglia al collo di Uriel, mentre MIkael, Gabriel e Raffaele, erano dietro di lui quando si affacciò per parlare al popolo. "Sono infinitamente fiero di essere stato utile a questo glorioso popolo, in conclusione la serenità sarà protagonista in queste terre come lo era un tempo e come sarà nell'avvenire, le azioni dei cavalieri dell'ordine della fenice rimarranno impresse nei cuori del popolo, come le azioni e i cuori puri del popolo che ha contribuito alla sconfitta di Eosforo rimarranno nei cuori dei cavalieri. Il bene ha trionfato come la giustizia divina detta, ma l'occhio del maligno è sempre attento, nessuno abbassi la guardia davanti ad esso, amatevi, donate a chi sta vicino a voi la purezza dei vostri cuori, e questo giorno non sarà mai dimenticato perché così è scritto e custodito nel tempio della saggezza!". Un lungo applauso sconfinò dalla piazza, tutti gli abitanti erano commossi, pieni d'amore, era la più bella soddisfazione che quel guerriero si era tolto dal giorno della sua nascita. Quando alzò il braccio per salutare il popolo, la gente iniziò a gridare in segno di riconoscimento il suo nome "Uriel, Uriel, evviva il nostro condottiero!" i tamburi davano tutte le onorificenze degne di quel cavaliere venuto da lontano e in cuor suo regnava quel giusto senso di serenità. Molti giorni passarono e Uriel non trovava la forza per tornare da dove era venuto, l'avrebbe dovuto riaccompagnare al sentiero proprio la sua Laima, come poteva far questo? Come poteva non rivedere la madre? La sua semplice vita o la sua vita umile? Doveva provvedere. Decise allora di passare qualche giorno nel deserto, avrebbe dovuto parlare con il cosmo, con le stelle, con la sua Passione, doveva esternare le sue priorità per vivere sereno. Cavalcò fino al deserto, il firmamento nel cielo era più bello che mai, la sua

Passione brillava fiera su di un foglio scuro. "Mia stella, ho bisogno dei tuoi consigli, mi trovo davanti il bivio più difficile di sempre, la decisione sbagliata potrebbe cancellare tutto quel che c'è di buono nel mio cuore, tutti gli insegnamenti ricevuti, tutte le mie azioni potrebbero essere dimenticate per dar posto a un sentimento che ora non fa parte del mio cuore, aiutami tu!" La stella accolse le richieste di Uriel ancora una volta. "Uriel, questa sarà l'ultima volta che ti verrai in questo deserto per conferire con me; hai dato tanto a queste terre, e queste terre te ne saranno eternamente grate, come tu sarai sempre grato a loro. Qualsiasi decisione o sentiero decidessi di affrontare, il posto giusto dove deve risiedere un uomo, è quello dettato dal suo cuore, nessuno meglio della tua anima può indicare la tua via, la tua casa, la tua famiglia, nessuno potrà giudicare mai le tue azioni oltre alla tua coscienza, sono sicuro che prenderai la decisione giusta solo se sarai in grado di ascoltare te stesso. Qualunque sia la tua decisione non dimenticare mai da dove vieni, chi sei e chi vuoi essere. Il cammino della vita è difficile per chi non ha il coraggio di ascoltare i suoi desideri, vigilerò ogni giorno su di te e ogni volta che mi vedrai brillar in cielo alimenterai la tua sapienza, questo è il tempo della tua gloria, non vanificare mai le tue azioni". Il sole iniziò a sorgere e le stelle pian piano finirono dietro alla luce del giorno. Passò diverso tempo da quella notte, molte nuvole passarono sopra il capo del cavaliere, in molte notti da quella notte aveva visto brillare la sua stella, il suo volto si era tramutato in quello di un vecchio signore, il suo corpo aveva percorso gli effetti del tempo, ma la sua anima era sempre quella dell'uovo di fenice. Come la fenice era risorto dalle sue ceneri e insieme a lui era risorto un intero paese, Initio. Quella mattina decise di indossare un abito di buona sartoria, un principe di Galles di una tonalità di grigio chiaro, i cavalieri dell'ordine della fenice curavano sempre le proprie tradizioni anche con l'eleganza. Initio dalla sconfitta di Eosforo era nuovamente una terra con valori e moralità da ricordare ad ogni occasione, la gente di quelle parti era serena, ma il male è sempre in agguato, di Eosforo nessuno sentì più parlare, la sacerdotessa Laima custodiva come sempre il cuore di quel paese un tempo martoriato da un crudele capo, autoproclamatosi principe che non aveva nessun diritto a governare. Il paesaggio che lo circondava era quello di una mattina d'autunno, passeggiava nel parco, dove le foglie dei platani facevano da tappeto, vide un ragazzo seduto sul bordo della fontana dove sguazzavano i pesci, si recò alle sue spalle e quando il ragazzo si voltò, Uriel vide il volto di una persona in difficoltà, si fermò a parlare con lui qualche minuto. "Ragazzo cos'è che ti turba così tanto?" "Nulla, signore, non ho fatto nulla…" Rimase a parlare con lui per qualche minuto, gli diede dei consigli su come avesse potuto imparare a guardare dentro sé stesso, gli stessi consigli che un tempo aveva dato a lui la sua stella, quella stella che sempre vigilava come promesso sul suo capo, gli alberi iniziarono a scuotersi colpiti da un forte vento, il ragazzo si girò per guardarli, e proprio in quel momento Uriel si sentì risucchiare da una nuvola squarciata dal sole.

UN INASPETTATO RITORNO

Flora si svegliava sempre molto presto al mattino, aveva come abitudine rassettare la casa prima di uscire per andare a lavoro, la sua vita era sempre stata in salita, allevare un figlio da sola era una grande fatica, tanti impegni e molte responsabilità. Spesso pensava a quanto era bello portare suo figlio al parco nel tempo libero, anche con tutte le difficoltà che accompagnavano la sua vita, o passare una serata spensierata consumando una cenetta preparata insieme a lui, che l'aiutava nei preparativi, per poi coccolarsi insieme, un po' prima di raccontargli qualche favola, per farlo addormentare e poi guardare la sua dolcezza con gli occhi chiusi e il dito in bocca. Gli anni, un genitore, li vede passare troppo in fretta e troppo in fretta il bambino cresce, quel bambino che con la crescita inizia la sua indipendenza, fino a quando non corre più per la casa e inizia il suo nuovo ciclo di vita. Molte volte aveva pensato in quegli anni, a quanto sarebbe servito avere un padre per il suo bambino, ma pensava continuamente anche a quanto sarebbe servito un marito a lei stessa, ma oramai era andata così e da quando il destino l'aveva lasciata vedova, non aveva mai trovato il coraggio per iniziare o volere qualsiasi altra storia. Daniel era il suo unico vero pensiero, ma a volte una mamma troppo apprensiva potrebbe segnare profondamente la vita indipendente di un figlio. Quella mattina per Flora successe qualcosa che non si sarebbe mai aspettata, era tutta presa nei suoi lavori domestici, come d'abitudine, nelle prime ore del mattino, quando qualcuno suonò al campanello della porta di casa. Aprendo vide l'immagine di un uomo dall'aspetto molto teso. «Flora è molto tempo che avrei voluto fare questo, ma non ho mai avuto il coraggio necessario». Non credeva in quel che vedeva, erano passati tanti anni ma quegli occhi non li avrebbe mai potuti dimenticare, erano stati troppo importanti per la sua vita, ma era impossibile che quell'uomo fosse proprio quel ragazzo che tanti anni prima l'aveva fatta sentire la donna più importante del pianeta. «Sei proprio tu?». Le uniche parole che riuscì a pronunciare con una voce tremolante e insicura. «Penso che dovresti farmi entrare no? Forse c'è qualcosa che vorresti sapere presumo, e io ora che ho trovato il coraggio per fare questo, vorrei avere solo l'opportunità di poterti raccontare tutto» «È meglio che vai via, ho pianto per te ho vissuto la mia vita tra le lacrime bagnando un cuscino vuoto, avevo un marito che amavo, che ho rispettato oltre la sua morte». «Non vuoi dirmi nulla nemmeno di lui? Di nostro figlio?». La donna in quel momento aveva un vulcano pronto ad eruttare dentro di sé, non poteva sapere quale fosse la cosa più giusta da fare così su due piedi, doveva farsi governare dall'istinto, quell'istinto che l'aveva fatta tanto soffrire: «Posso dirti che aveva tutto il diritto di avere un padre, ti ho fatto apparire come un eroe, sei ancora il suo eroe anche se non ti ha mai potuto conoscere, come hai potuto fare questo a chi avresti dovuto accudire come il dono più prezioso della vita?» «Hai sempre saputo tutto vero?» «Quando vennero a casa per darmi la notizia mi è caduto il mondo addosso, ero sola, disperata e con un figlio ancora in grembo, ho pregato che non fosse vero quel che dicevano quegli uomini, ho sperato che saresti tornato, fino al giorno che ne ebbi la certezza, a quel punto ho pregato per non incontrarti mai più». «Voglio solo raccontare tutto a lui, è comprensibile quello che chiedi ma lui deve scegliere con la sua testa e almeno dovrebbe sapere». La donna non sapeva quel che fare, ma in realtà chi è che sa sempre quello che è giusto fare? Chi può decidere segnando la vita di altre persone? Voleva solo vivere con la coscienza apposto, e una risposta negativa a quell'uomo le avrebbe dato la possibilità di avere dei turbamenti nella sua anima. «Entra, sta ancora dormendo, gli preparo la colazione e verrà da te, saprai tu, cosa dirgli».

EPILOGO

Quella mattina la mamma di Daniel entrò in camera sua per svegliarlo come sempre; quando lui aprì gli occhi rimase fortemente sorpreso, vide la sua camera, avvolta da tutto l'amore che una mamma può provare per suo figlio, si alzò di scatto dal letto e guardando la madre con il suo splendido volto la strinse in un forte abbraccio, gli scese una lacrima sulla guancia ancora segnata dal cuscino. «Mamma, mi sei mancata da morire!» Flora non riusciva a capire cosa suo figlio stesse dicendo, ma i suoi occhi erano felici, diversi da quelli degli ultimi tempi, quella lacrima era una lacrima di gioia e scendeva proprio sul volto di Daniel. La madre lo guardò negli occhi, e asciugando la lacrima lo strinse forte a sé. «Adesso vestiti ti ho preparato una buona colazione, devo dirti molte cose su di una persona che devi conoscere che è tornata dopo tanto tempo». Uscì dalla camera e il ragazzo si diresse lentamente allo specchio; toccandolo non credeva che quello specchio non aveva profondità. Si guardò tutto intorno, la camera era perfettamente quella di sempre, il letto, la finestra chiusa; tornò allo specchio. "Cos'è successo tutto questo tempo, non posso avere sognato?" E mentre formulava dentro sé questa domanda, guardando la sua immagine riflessa, vide qualcosa che gli luccicava al collo. Quando l'afferro con la mano non ebbe più dubbi, era la medaglia con incisa la preghiera insegnata dal signore ai suo figli, che gli avevano regalato gli abitanti di Initio per le mani di Laima.

Da quel giorno, per Daniel, nulla fu come prima.

INDICE

Prefazione dell'associazione   pag. 5

Note dell'autore   pag. 8

Prima parte   pag. 10

    Capitolo uno   pag. 11

    Capitolo due   pag. 15

    Capitolo tre   pag. 18

    Capitolo quattro   pag. 22

    Capitolo cinque   pag. 32

    Capitolo sei   pag. 35

    Capitolo sette   pag. 40

    Capitolo otto   pag. 45

    Capitolo nove   pag. 47

    Capitolo dieci   pag. 56

    Capitolo undici   pag. 59

    Capitolo dodici   pag. 61

Seconda parte   pag. 63

    Capitolo uno   pag. 68

    Capitolo due   pag. 70

    Capitolo tre   pag. 74

    Capitolo quattro   pag. 78

    Capitolo cinque   pag. 84

Terza parte   pag. 91

Un inaspettato ritorno   pag. 96

Epilogo   pag. 99